ARISTOTELES

ARISTOTELES: BARDDONEG

Cyfieithiad gyda Rhagymadrodd
a Nodiadau

gan

J. GWYN GRIFFITHS

Cyhoeddwyd ar ran Adran Glasurol Urdd Graddedigion Prifysgol Cymru

Caerdydd
Gwasg Prifysgol Cymru
2001

Argraffiad cyntaf 1978

Argraffiad clawr papur 2001

© Gwasg Prifysgol Cymru ⓗ 1978

Manylion Catalogio Cyhoeddi'r Llyfrgell Brydeinig

Mae cofnod catalogio'r gyfrol hon ar gael gan y Llyfrgell Brydeinig

ISBN 0-7083-1718-9

Llun y clawr: Aristoteles (terracotta Rhufeinig). Trwy ganiatâd Ancient Art & Architecture Collection Ltd

Dyluniwyd y clawr gan Chris Neale
Argraffwyd yng Nghymru gan Wasg Dinefwr, Llandybïe

Cyflwyniad i'r Argraffiad Newydd

Yn ystod y flwyddyn 2001 y mae Adran Glasurol Urdd Graddedigion Prifysgol Cymru yn dathlu hanner canfed pen blwydd ei sefydlu. Mewn cyfarfod a gynhaliwyd ym Mhabell y Cymdeithasau ar faes Eisteddfod Genedlaethol Llanrwst, 8 Awst 1951, rhoddwyd cychwyn i gymdeithas sydd wedi bod yn hynod weithgar a chynhyrchiol. O'r dechrau bu'r Adran yn ffodus odiaeth yn ei harweinwyr. Ei Llywydd cyntaf oedd y Prifathro Syr Emrys Evans, a'i olynwyr ef oedd Mr J. E. Daniel a'r Dr John Henry Jones. Ymhlith Is-Lywyddion ac aelodau pwyllgor yr Adran dros y blynyddoedd, bu'r Athro T. Hudson-Williams, yr Athro Evan J. Jones, Dr T. I. Ellis, yr Athro Thomas Jones, Dr Saunders Lewis, yr Athro Eric Evans, y Prifathro Syr Thomas Parry, yr Athro J. E. Caerwyn Williams, yr Athro D. Ellis Evans, Mr A. O. Morris, Mr Huw S. Thomas a Mr Gareth Emanuel. Ni thybiwn, fodd bynnag, y byddai neb o'r gwroniaid hyn yn anghytuno â ni pan ddywedwn mai prif ysgogydd gweithgareddau'r Adran, a'i hyrwyddwr pennaf, fu'r Dr (yn ddiweddarach, yr Athro) John Gwyn Griffiths, Abertawe. Ef oedd Ysgrifennydd cyntaf yr Adran, o 1951 hyd 1972. Yna fe'i dewiswyd yn Llywydd, swydd y bu ynddi hyd 1992 (pan ddilynwyd ef gan y Llywydd presennol, a fuasai'n Drysorydd yr Adran o'r dechrau). Nid yn unig y mae 2001 yn flwyddyn dathlu hanner canmlwydd yr Adran: y mae hefyd yn flwyddyn i longyfarch J. Gwyn Griffiths ar gyrraedd ei ben blwydd yn ddeg a phedwar ugain, ac i ddiolch iddo am ei gyfraniad difesur fel ysgolhaig o fri cydwladol ac am ei ddiwydrwydd o blaid y Clasuron yng Nghymru.

O'r dechrau yn 1951 ystyriai'r Adran mai ei phrif ddyletswydd oedd cyflwyno peth o gyfoeth y gwaddol clasurol, ar lafar ac mewn print, yn y Gymraeg, a hynny cyn bod llawer o sôn, mewn nac ysgol na phrifysgol, am ddarparu hyfforddiant mewn unrhyw bwnc (ac eithrio'r Gymraeg ac Astudiaethau Beiblaidd) drwy gyfrwng yr iaith. Trefnwyd darlithiau yn rheolaidd ar faes yr Eisteddfod Genedlaethol; cynhaliwyd sgyrsiau a chyrsiau undydd ar gyfer ysgolion; cydweithredwyd â chymdeithasau eraill mewn *colloquium* a chynhadledd. Bu'r Adran yn weithgar hefyd yn hybu ac yn noddi cyhoeddiadau. Ymhlith y cyhoeddiadau hynny y mae'r cyfieithiad hwn, gan J. Gwyn Griffiths, o *Farddoneg Aristoteles*, a gyhoeddwyd gyntaf gan Wasg y Brifysgol yn 1978. Bu'r cyfieithiad allan o brint ers rhai blynyddoedd. Ni ellid gwneud yn well, wrth inni gamu i mewn i'r mileniwm newydd, a'r Adran hithau i'w hail hanner-canrif, nag ailgyhoeddi – yn ei wedd Gymraeg – y testun clasurol a ddylanwadodd fwyaf ar syniadaeth lenyddol yn Ewrop yn y mileniwm o'r blaen. Fel y dengys rhagymadrodd cynhwysfawr J. Gwyn Griffiths, ymglywodd beirdd a llenorion Cymru hwythau ag adleisiau'r dylanwad hwnnw. Ein hyder, fel Adran, yw fod eto yn ein plith lengarwyr a gaiff fudd a mwynhad o fynd i'r afael â rhai o syniadau'r athronydd o Stagiros.

Dymunwn, fel swyddogion yr Adran Glasurol, ddiolch i Gyfarwyddwraig a staff Gwasg Prifysgol Cymru am eu cydweithrediad, a hefyd i Bwyllgor Sefydlog a Phwyllgor Cyhoeddiadau Urdd y Graddedigion am eu nawdd a'u cefnogaeth i'n cynlluniau i ailgyhoeddi'r *Farddoneg* ac i ddathlu hanner canmlwyddiant yr Adran yn Eisteddfod Genedlaethol Sir Ddinbych a'r Cyffiniau, Awst 2001.

John Ellis Jones (*Llywydd*)

Telfryn Pritchard (*Ysgrifennydd*)

Ceri Davies (*Trysorydd*)   Mawrth 2001

Cynnwys

Aristotlus fedrus fu,
Ar ddysg oll, urddas gallu;
Tydain, ail tad awen oedd,
Taliesin teulu oesoedd.

WILIAM LLŶN
(*Marwnad Gruffydd Hiraethog*)

Rhagair

Mae Miss Margaret Hubbard wedi disgrifio *Barddoneg* Aristoteles fel y llyfr pwysicaf a sgrifennwyd erioed am farddoniaeth, a hynny nid yn unig oherwydd yr hyn a ddywedir ynddo ond hefyd oherwydd yr hyn y credwyd ei fod yn ei ddweud. Ychwanega'n briodol iawn fod y camddehongli wedi bod yr un mor ddylanwadol yn natblygiad damcaniaethau aisthetig, ac weithiau yn natblygiad barddoniaeth ei hun, ag y bu'r ddealltwriaeth gywir. (Gweler ei phennod yn *Ancient Literary Criticism*, gol. D. A. Russell ac M. Winterbottom, Rhydychen, 1972, t. 85). Ymadrodd hyderus, bid siŵr, yw " dealltwriaeth gywir "; mae nifer o faterion dehongli yn destun dadl o hyd.

Anhygoel yw'r ffaith na chafwyd hyd yn hyn gyfieithiad Cymraeg o'r *Farddoneg*. Bu'n destun cystadleuaeth yn yr Eisteddfod Genedlaethol flynyddoedd yn ôl, a dyna pryd y gwneuthum fy nghynnig cyntaf i drosi'r gwaith. Roeddwn yn gydradd gyntaf gyda Mr. M. Gwyn Jenkins o dan feirniadaeth D. Emrys Evans. Testun Bywater (Rhydychen, 1911) a ddilynais y pryd hwnnw. Ym 1965 cyhoeddodd Gwasg Rhydychen argraffiad newydd o'r testun o dan olygyddiaeth yr Almaenwr Rudolf Kassel. Cam ymlaen ydoedd hwn oherwydd iddo fanteisio ar wybodaeth fanylach o'r fersiwn Arabeg ac o'r fersiwn Lladin cynnar (1278). Tybiais felly ei bod yn amser addas i fynd ati o'r newydd gan ddilyn testun Kassel. Mantais ddiweddar arall yw ymddangosiad esboniad golau D. W. Lucas (Rhydychen, 1968) heb sôn am lu o drafodaethau eraill.

Lluniais nodiadau byrion i ddilyn y Cymreigiad o'r testun. Ceir trafodaeth fanylach ar rai pynciau sylfaenol yn y Rhagymadrodd.

Canodd Wiliam Llŷn yn ei Farwnad i Gruffydd Hiraethog

Aristotlus fedrus fu,
Ar ddysg oll, urddas gallu;

ac yn y cyfnod modern bu tipyn o ddefnydd ar y ffurf Aristotlys yn Gymraeg.[1] Cefais fy argyhoeddi, fodd bynnag, gan ddadl Mr. Saunders Lewis mai ystumiad i gyfarfod â'r gynghanedd sy gan Wiliam Llŷn.[2] Nid yw'n ymddangos bod y ffurf hon wedi ymledu yn gynnar; ac er bod y Ffrancwyr yn sgrifennu Aristote a'r Saeson Aristotle a'r Eidalwyr Aristotele, doethach yn y Gymraeg fydd defnyddio'r ffurf wreiddiol Aristoteles.

Felly hefyd gyda ffurf yr enwau priod eraill Groeg. Fel rheol dilynais argymhellion Pwyllgor yr Adran Glasurol a argreffir yma fel Atodiad. Adgynhyrchir yr enwau mewn ffordd sy'n galluogi'r Cymro Cymraeg i'w hynganu'n weddol gywir o ddilyn y seineg Gymraeg arferol. Ond rhoddais y ddwy *l* Roeg fel *l'l* er mwyn cadw'r orgraff wreiddiol a'i gwahaniaethu yr un pryd oddi wrth yr *ll* Gymraeg.

"Am y Gelfyddyd Farddol," *Peri Poiêtikês (Technês),* yw enw'r gwaith Groeg, a chefais fy nhywys gyntaf i'w astudio gan y ddiweddar Kathleen Freeman yng Ngholeg Caerdydd. Ysbrydiaeth oedd ei chlywed hi'n trafod llenyddiaeth y Groegiaid. Byddai'n darlithio hefyd ar *Ethica Nicomachea* Aristoteles, ond gyda'r *Farddoneg* yr oedd hi ar ei gorau. Er cof amdani hi y cyflwynaf y gyfrol hon.

Cadwgan,
3 Ffordd y Derw Hirion,
Abertawe.

JOHN GWYN GRIFFITHS

---

[1] e.e., D. Emrys Evans, *Y Clasuron yng Nghymru* (Caerdydd, 1952), 27 a mannau eraill; J. R. Jones yn *Efrydiau Athronyddol* 20 (1957), 23; J. E. Caerwyn Williams, *Y Llenor* 30 (1951), 119.

[2] Mewn llythyr ataf (3/9/74) mae'n awgrymu bod yr ynganiad Saesneg (ar yr enw Groeg) wedi effeithio ar y ffurf sy gan Wiliam Llŷn.

Rhagymadrodd

1. *Aristoteles: Ei Fywyd*

Ganed Aristoteles yn 384 C.C. yn Stageiros (Stavro heddiw), tref fechan ar y ffin rhwng Macedonia a Thracia. Meddyg oedd ei dad, ac anfonodd ei fab, pan oedd yn ddwy ar bymtheg, i Athen, lle cafodd ddod yn aelod o Academi Platon. Bu Aristoteles yn aelod o'r Academi hyd nes y bu farw Platon yn 347 C.C. Yna gadawodd Athen ac aeth i fyw i Asia Leiaf. Cafodd wahoddiad yn ddiweddarach gan Philip II, Brenin Macedonia, i fod yn athro i'w fab Alexander. Dyma'r Alexander Fawr a fu'n goncwerwr mor nerthol wedi hyn.

Pan fu farw Philip II dychwelodd Aristoteles i Athen a'r tro hwn sefydlodd yno ei ysgol ei hun, y Luceion neu'r Peripatos. Aeth teimladau'r Atheniaid yn frwd i gyfeiriad gwrth-Facedonaidd pan welwyd imperialaeth Macedonia yn ymyrryd yng Ngroeg ei hun. Er nad oedd gan Aristoteles ronyn o gydymdeimlad â gyrfa filwrol Alexander, gwnaed cyhuddiad yn ei erbyn, a phenderfynodd ddianc i dref Chalcis yn Ewboia, lle roedd teulu ei fam yn byw. Yno y bu farw y flwyddyn ddilynol (322 C.C.) yn drigain a dwy.

Disgrifir ef fel dyn penfoel a thenau. Byddai'n arfer gwisgo'n drwsiadus. Gallai siarad yn wawdlyd iawn, a chafodd ddigon o wrthwynebiad i'w syniadau. Ond llwyddodd i ennill cydweithrediad dynion deallus a chyfoethog, yn neilltuol yn ei gynlluniau ymchwil enfawr. Cynhullodd lyfrgell eang ac amrywiol. Bu'n briod ddwywaith a ganed un mab, Nicomachos, o'r ail briodas. Er i'r Atheniaid ei wrthwynebu ar ddiwedd ei oes, a bygwth ei drin yr un fath â Socrates, eto codwyd cerflun ganddynt er cof amdano.

Wrth reswm nid yw braslun syml o ffeithiau gyrfa yn dweud llawer am y pethau pwysicaf ym mywyd ysgolhaig

1

a llenor. Dywedir am yr athronydd Kant na theithiodd erioed fwy na deugain milltir o'i gartref yn Königsberg; ond mawr a phwysig oedd swm ei ymenyddwaith yno. Sgrifennu a darlithio a thrafod, dyna brif weithgareddau bywyd Aristoteles. Gyda Phlaton ef yw'r mwyaf o athronwyr Groeg.

2. Ei Weithiau: Ei Ddiddordeb mewn Llenyddiaeth

Sgrifennodd yn bennaf weithiau o natur athronyddol a gwyddonol. Roedd moeseg a gwleidyddiaeth ymysg y pynciau a drafododd. Yn ei lyfr *Gwladwriaeth yr Atheniaid* (*Athenaiôn Politeia*) mae'n rhoi amlinelliad o sustem gwleidyddol Athen, ac ymddengys i'r llyfr hwn berthyn i gyfres ganddo yn disgrifio cyfansoddiadau'r gwladwriaethau Groegaidd. Nid oedd *Gwladwriaeth yr Atheniaid*, gyda llaw, ar gael yn y byd modern tan 1890, pan ddaethpwyd ar draws copi ar un o'r papuri a ganfuwyd yn nhywod yr Aifft.

Ffuseg a chosmoleg, seryddiaeth ac anthropoleg, bioleg a botaneg a swoleg, dyna brif feysydd ei weithiau gwyddonol. Mae ei *Hanes Anifeiliaid* yn crynhoi gwybodaeth enfawr am wahanol fathau o anifeiliaid ac yn cynnwys disgrifiadau manwl o'u priodoleddau. Seilir yr wybodaeth yn fynych ar ymchwil bersonol neu ar ymchwil gan ei gydweithwyr. Mewn gweithiau o'r fath mae'n dangos meddwl dosbarthus a dadansoddol; ac mae'n dangos yr un agwedd daclus a chlir wrth drafod ffurfiau barddoniaeth. Defnyddir amryw o'i gategorïau o hyd gan wyddonwyr; er enghraifft, y gwahaniaeth rhwng gwyddoniaeth bur a gwyddoniaeth gymwysedig. Ac arhosodd ei gategorïau llenyddol hefyd yn natblygiad beirniadaeth yn Ewrop. Sonnir o hyd am Ddrama a Thrasiedi a Chomedi ac Epig. Geiriau Groeg yw'r rhain a ddefnyddir heddiw mewn llawer iaith, ac Aristoteles oedd y cyntaf i'w trafod yn ddadansoddol dechnegol.

Pan drown o'r gweithiau athronyddol a gwyddonol at y trafodaethau ar lenyddiaeth, tueddwn i synnu ychydig wrth feddwl mai yr un person a sgrifennodd y cyfan. Pam y mynnodd yr ymchwilydd gwyddonol diflino hwn gynnwys llenyddiaeth yn ei faes ymchwil? Ai rhyw grwydriad ysbeidiol oedd y trafod ar farddoniaeth? Dylid cofio un ystyriaeth ymarferol: ffrwyth ei ddarlithiau yw llawer o'r gweithiau, ac yn y Luceion byddai Aristoteles yn ystyried ei hod yn fater o ddyletswydd i berffeithio ei ddisgyblaeth ym mhob dysg er mwyn ei throsglwyddo i'w efrydwyr. Mae'n debyg mai ar ddiwedd y cyrsiau y deuai'r efrydiau llenyddol. Ond yn bwysicach na hyn, yr oedd gwybodaeth hollgofleidiol yn ddelfryd Groegaidd, ac yn neilltuol felly i'r athronydd a oedd yn ceisio esbonio'r cyfanfyd.

Ceir trafodaeth ar agweddau ar lenyddiaeth yn y llyfrau ar *Wleidyddiaeth* a *Rheitheg*. Y cwestiwn a wynebir yn y llyfr blaenorol yw swyddogaeth gymdeithasol barddoniaeth a cherddoriaeth a chelfyddydau eraill. Yn y *Rheitheg* mae'n ymdrin â'r hyn a ystyrir ganddo yn gelfyddyd perswâd. Mae arddull yn bwysig, meddir, yn y gelfyddyd hon, a phrif rinwedd yr arddull effeithiol yw eglurder. Rhaid saernïo'n ofalus, ond dylid osgoi'r argraff o fod yn llafurus; am hynny rhaid cuddio'r gelfyddyd.

Mae'n debygol mai tua diwedd ei oes y sgrifennodd y *Farddoneg,* o gwmpas y flwyddyn 335 C.C.

3. *Dylanwad Platon*

Yn y trafodaethau hyn synhwyrir dylanwad Platon, a buasai'n beth syn yn wir pe na bai Aristoteles wedi dangos y dylanwad hwn gan iddo fod yn aelod o Academi Platon am ugain mlynedd — ffaith nad oes dim tebyg iddi, yn ôl Werner Jaeger,[1] yn hanes meddylwyr mawr. Mewn arddull, bid siŵr, mae byd o wahaniaeth rhwng gweithiau'r ddau athronydd. Mae arddull Platon yn aml yn ddisglair ac yn farddonol-ysbrydoledig. Arddull sychlyd a chwta sy gan Aristoteles, ac un esboniad posibl ar ei natur ddi-raen yw mai nodiadau ar gyfer darlithiau yw'r gweithiau sy gennym, ar wahân, efallai, i *Wladwriaeth yr Atheniaid.* Amheuir yn

[1] *Aristotle* (1934, ail argr., 1948, ad-argr. Rhydychen, 1962), 11.

wir ai nodiadau disgybl ac nid y darlithydd sydd yn y gweithiau fel y maent. Mae'n weddol amlwg am y *Farddoneg* nad ffurf derfynol a chaboledig gan yr awdur ei hun yw'r gwaith. Mae Cicero yn canmol arddull lifeiriol a llyfn Aristoteles yn rhai o'i weithiau rhyddiaith. Bellach y mae mwyafrif y gweithiau hyn ar goll, a daw rhybudd o eiriau Cicero inni beidio â chamfarnu arddull Aristoteles yng ngolau'r gweithiau sy gennym.

Sgrifennodd ambell gerdd hefyd, ac mae o leiaf un gennym ar gof a chadw, sef ei gân foliant i Hermeias, un o reolwyr Asia Leiaf a roddodd gefnogaeth hael i'r ysgolhaig. Yn y gerdd hon[2] anerchir *Aretê*, y rhinwedd sy'n rhagori. Er ei mwyn hi, meddir, yr aberthodd llu, ac er ei mwyn hi y bu Hermeias fyw a marw, gan adael clod anfarwol i'w enw ar ei ôl. Hytrach yn rheithegol yw'r darn; mae'n afieithus a brwd, a gelwir episodau Homeraidd i gof.

A siarad yn gyffredinol, datblygiad naturiol oedd bod dylanwad Platon arno wedi graddol leihau fel yr âi amser yn ei flaen. Bu tuedd i edrych ar holl weithiau Aristoteles fel cyfanwaith cyson, ond yn awr, yn neilltuol wedi ymchwil Werner Jaeger, pwysleisir y datblygiad a'r newid, ac un agwedd ar y datblygiad yw'r ffordd y mae dylanwad Platon yn colli ei afael. Gwrthododd Aristoteles dderbyn y gredo ganolog yn athroniaeth Platon, sef nad yw'r byd gweledig ond copi amherffaith o'r Ffurfiau perffaith sy tu hwnt iddo; tu hwnt i'n byd ni, yn ôl y ddysg hon, y mae'r byd real. Derbyniodd Aristoteles, ar y llaw arall, ffenomena'r byd gweledig fel pethau real, a dyma sail ei ddiddordeb diderfyn yn holl ffurfiau a chyfundrefnau natur. Mater arall sy'n dangos y ddau athronydd mewn anghytundeb pendant yw barddoniaeth.

Sgrifennodd Aristoteles lyfr *Am Feirdd*, ond nid yw bellach ar gael yn ei grynswth. Mae darnau ar gael, a pheth diddorol yw mai yn ffurf dialog y sgrifennwyd y gwaith. Mae hyn yn awgrymu dylanwad Platon, gan iddo ef ddef-

² Gweler H. Rüdiger (gol.), *Griechische Gedichte* (Tusculum-Bücherei, ail argr. 1936), 164-6.

nyddio ffurf y dialog yn fynych. Efallai mai i gyfnod cynnar Aristoteles y perthyn y gwaith hwn. Nid yw'n ymddangos, beth bynnag, iddo fabwysiadu'r ffurf yma mewn llawer o weithiau eraill, ac yn y gweithiau diweddarach mae'n traethu heb lunio ymddiddan rhwng personau.

Mae Platon yn yr *Ion* yn trafod y syniad mai ysbrydiaeth ddwyfol sy'n ysgogi barddoniaeth. Yn ôl y syniad hwn nid canlyniad crefft ond ffrwyth gallu dwyfol (*theia dunamis*) yw barddoniaeth. Rhywbeth tebyg i ddehongliad Islwyn o'r awen:

> Pan y myn y daw,
> Fel yr enfys a'r gwlaw
> Fel odlau yr ëos ger y gwyrddaf lyn draw

ond bod syniad y Groegiaid yn fwy pendant ac yn fwy crefyddol,[3] er bod Socrates yn yr *Ion* yn ceisio dangos mai peth peryglus yw ysbrydiaeth o'r fath, gan ei fod yn golygu ymollwng i deimladau (sy'n cynnwys tosturi ac ofn, 535 C) na ddônt o dan reolaeth rheswm. Mae Aristoteles yn cyffwrdd â'r syniad yn ei *Farddoneg* wrth bwysleisio'r angen i'r bardd deimlo ei hun, i gychwyn, y teimladau a rydd i'w gymeriadau:

> Y neb a gynhyrfir sy'n cynhyrfu, a'r llidiog sy'n terfysgu, gyda'r argyhoeddiad mwyaf. Am hynny, golyga barddoniaeth naill ai ddawn naturiol anghyffredin neu elfen o wallgofrwydd.
>
> (17, 1455 a)

Hefyd, mae ei ddamcaniaeth am bwysigrwydd y teimladau, yn enwedig tosturi ac ofn, yn amlwg yn ei ymdriniaeth o *Catharsis* (gweler isod). Ond sylwer nad dilyn Platon y mae yn awr. Yn *Y Wladwriaeth* mae Platon yn datblygu'r thema mai arglwyddiaeth y teimladau yw hanfod barddoniaeth ac mai anffodus yw rhai o'r teimladau hyn. Yn ôl Aristoteles mae Trasiedi yn peri *catharsis* neu weithiad allan y teimladau megis tosturi ac ofn. Ymddengys felly mai ceisio ateb ymosodiad Platon ar farddoniaeth y mae yma.

---

[3] Cymharer fy ysgrif '*Afflatus Divinus*' yn *Taliesin* 2 (1961), 35-43 ac yn *I Ganol y Frwydr* (Llandybïe, 1970), 144-150.

Adweithio yn erbyn Platon a wneir hefyd, o bosibl, yn y dehongliad o *mimêsis*, 'efelychiad', fel gweithgarwch barddol. (Gweler isod). Mae agwedd Aristoteles yn fwy ffafriol, a hynny nid yn unig wrth esbonio *mimêsis* fel rhywbeth mwy creadigol, ond hefyd yn y safle cyffredinol a rydd i farddoniaeth. Yn *Y Wladwriaeth*, ac yn fwy felly yn *Y Cyfreithiau*, mae Platon yn ddrwgdybus iawn o ddylanwad moesol a chymdeithasol rhai mathau o farddoniaeth. Rhaid cofio, yn y cyswllt hwn, fod tuag ugain mil yn y theatr ym mhob perfformiad, a bod adroddwyr cerddi Homer, fel Ion, yn cael cynulleidfa enfawr yn y gwyliau mawr yn Olumpia a Delphi. 'Roedd pryder pobl fel Platon yn cyfateb mewn ffordd, fel y dywed Grube, i'r ofnau yn y ganrif hon parthed dylanwad y ffilmiau a'r teledu. Parthed y muthau sy'n dangos y duwiau mewn golau diraddiol, nid yw Aristoteles yn ymboeni fawr am hyn. Rhaid i'r bardd, i'w feddwl ef, dderbyn y storïau traddodiadol:

> Er enghraifft, parthed yr hanesion am y duwiau, hwyrach nad ydynt yn well na'r ffeithiau nac yn wir o gwbl, ond yn gyfryw, efallai, ag y dywed Xenophanes amdanynt; ond 'Dyma yr hyn a ddywedir'.
>
> (25, 1460 b — 61 a)

'Roedd Xenophanes wedi ymosod ar y chwedlau am anfoesoldeb y duwiau, gan haeru mai ffug oeddent. Ond y peth pwysig i Aristoteles yw medr y bardd wrth drafod y thema traddodiadol. Wrth efelychu, fel y dywed yn gynharach, gall ddewis trafod 'pethau fel y buont neu fel y maent, pethau fel y dywedir eu bod neu fel yr ymddangosant, neu bethau fel y dylent fod'. Iddo ef, felly, mae chwedl am y duwiau yn perthyn i'r 'pethau fel y dywedir eu bod'.

I raddau helaeth, felly, mae Aristoteles, er iddo gychwyn yn drwm dan ddylanwad Platon ac er iddo barhau i ymddiddori yn y problemau a gododd ei feistr, yn mynegi ei safbwynt ei hun. Mae'n dyrchafu barddoniaeth fel y gelfyddyd sydd, yn anad yr un, yn ymwneud â gwirioneddau cyffredinol ac athronyddol. Fel hyn y mae'n cyferbynnu hanes a barddoniaeth:

Mae'r gwahaniaeth yn hyn, bod y naill yn adrodd yr hyn a ddigwyddodd, a'r llall yr hyn a allai ddigwydd. Am hynny y mae barddoniaeth yn fwy athronyddol a difrifol na hanes; oherwydd bydd barddoniaeth yn mynegi'r cyffredinol tra bydd hanes yn mynegi'r neilltuol.

(9, 1451 b)

Dyma farn hollol wahanol i farn Platon.

4. Barddoniaeth a Drama

Un o'r pethau cyntaf sy'n debyg o daro darllenydd modern yw bod y *Farddoneg* yn methu trafod barddoniaeth yn yr ystyr a roddwn ni fel arfer i'r gair. I ni y mae'r gair yn cyfeirio'n bennaf at farddoniaeth delynegol, er ein bod yn ymwybodol o'r ffaith bod cerddi hir hefyd ar gael. Yn y traddodiad Cymraeg tueddwn i rannu'r ffurfiau yn fras yn ddwy adran — canu caeth a chanu rhydd. O fewn y ddwy adran hon ceir nifer o batrymau posibl. Fel atodiad i'r sustem gallem feddwl hefyd am y ddrama farddonol fel *Blodeuwedd* neu *Buchedd Garmon* gan Saunders Lewis.

Y ddrama farddonol yw craidd ymdriniaeth Aristoteles, a Thrasiedi yw prif destun y llyfr sy gennym yn awr. Yn yr ail ran, sydd ar goll, mae'n debyg iddo drafod Comedi. Mae'n cyfeirio weithiau at y ffurfiau a gysylltir â dechreuadau Trasiedi a Chomedi, sef y cerddi dithurambig a ffalig. Mae'n sôn tipyn hefyd am farddoniaeth epig, ond yn bennaf er mwyn cymharu a chyferbynnu nodweddion Trasiedi â theithi'r ffurf hon (gweler Penodau 18-24 yn arbennig). Wrth drafod amrywiaeth y ffurfiau barddonol ar y dechrau, mae'n eu crynhoi a'u dosbarthu fel hyn:

Mae barddoniaeth Epig a Thrasiedi a Chomedi hefyd a barddoniaeth Ddithurambig a'r rhan fwyaf o gerddoriaeth y ffliwt a'r delyn oll yn weddau ar efelychu, o'u hystyried yn gyffredinol. Maent yn annhebyg i'w gilydd mewn tri pheth — eu bod yn efelychu gyda gwahaniaeth yn y cyfryngau, yn y gwrthrychau, ac yn y dulliau, heb fod ganddynt yr un ffordd.

(1, 1447 a)

Sylwer ar yr ymadrodd 'cerddoriaeth y ffliwt a'r delyn'. Er mai am gerddoriaeth y sonnir, cynhwysir y cerddi barddonol. Dyma'r lle y dosberthir barddoniaeth delynegol; a dyna, wrth gwrs, ystyr gyntaf telyneg — darn i'w ganu gyda'r delyn. Ond yn y llyfr hwn nid yw Aristoteles yn ymdrin â barddoniaeth o'r fath.

Ai camgymeriad felly yw inni ddal i alw'r llyfr yn *Farddoneg*? Teimlodd rhai yn gryf fel hyn, ac mae L. J. Potts wedi enwi ei gyfieithiad ef yn *Aristotle on the Art of Fiction*. Mae'n anodd cyfreithloni hyn, fodd bynnag. *Barddoneg* sydd yn y teitl gwreiddiol. Y peth pwysig yw inni sylweddoli mai barddoniaeth y ddrama yw'r gwir destun, a bod hyn yn golygu ymdriniaeth â holl nodweddion drama, ac nid yn unig â phriodoleddau arddull. Yn wir, saernïaeth y stori a ystyrir fel yr elfen bwysicaf.

Er hyn i gyd, dadleuodd rhai y gellir ac y dylid cymhwyso'r egwyddorion a fynegir yn y llyfr hwn at ffurfiau eraill megis cerddi telynegol. Dywed John Morris-Jones, er enghraifft, fod y syniad o undod a bwysleisir gan Aristoteles fel rhywbeth hanfodol mewn Trasiedi yn un y dylid ei arddel mewn barddoniaeth sy tu allan i ffurf y ddrama :

> Ond a oes gennym hawl i gymhwyso at y delyneg bur y diffiniad a seiliodd Aristoteles ar ystyriaeth o'r arwrgerdd a'r ddrama'n unig? Er nad yw priodoldeb hynny'n amlwg ar yr olwg gyntaf, eto y mae barddoniaeth yn ei hanfod yn un, ac fe geir bod y diffiniad yn wir mewn ystyr ddofn am y delyneg hefyd. Yn y delyneg bur profiad neu deimlad un person a adroddir, a'r person ei hun a fydd yn gyffredin yn llefaru. Ond yma eto darlunio'r person yn y teimlad hwnnw a wna'r bardd; a chreadigaeth ei ddychymyg ef yw'r portread.
>
> *(Cerdd Dafod, 5)*

Credaf mai camgymeriad yw'r honiad yma. Os oes i gerdd delynegol undod — a diau y dylai fod — mae o natur hollol wahanol.

Byddai modd dadlau bod sylwadau cyffredinol Aristoteles am arddull (Penodau 19 ymlaen) yn rhai y gellir eu cymhwyso at bob ffurf ar farddoniaeth. Mae hyn yn wir am rai sylwadau fel y trafod ar eiriau cyfarwydd a geiriau dieithr. Eto mae pwyslais arbennig mewn mannau eraill ar y siarad sy mewn drama ac sy'n dal cyswllt â'r digwydd ac â'r cymeriadau.

5. Mimêsis: *Efelychu*

Dywedir yn y bennod gyntaf mai 'gweddau ar efelychu (*mimêsis*)' yw'r holl ffurfiau barddonol. Mae efelychiad yn bosibl hefyd, meddir, mewn rhyddiaith. Fe'i ceir yn ogystal mewn arluniaeth a cherfluniaeth. Gall y cyfryngau amrywio, ond yr un yw'r proses sylfaenol. Honnir bod efelychu yn rhywbeth greddfol sy'n gwahaniaethu dyn oddi wrth anifeiliaid:

> Yn gyntaf, mae efelychu yn reddfol i ddynion o'u mebyd, ac yn hyn y mae'r gwahaniaeth rhyngddynt a'r anifeiliaid eraill, eu bod yn chwannog iawn i efelychu ac yn dysgu eu gwersi cyntaf drwy gyfrwng efelychiad; a chânt oll bleser mewn efelychiadau.
>
> (4, 1448 b)

Syndod braidd yw'r sylw hwn am anifeiliaid gan un a wyddai gymaint amdanynt. Mae dynwared yn elfen amlwg o bwysig yn nhwf pob math o greaduriaid. Ymddengys, fodd bynnag, oddi wrth yr hyn sy'n dilyn, mai efelychu mewn ffurfiau o gelfyddyd sydd ym meddwl Aristoteles yma (mae'n sôn, er enghraifft, am ddarluniadau) yn hytrach na'r efelychu mewn ystumiau a seiniau sy'n digwydd fel rhan o ddatblygiad plant a chreaduriaid. Pan ddaw, yn y chweched bennod, i ddiffinio Trasiedi, dywed mai efelychiad ydyw o 'ddigwydd aruchel a chyflawn' a dywed mai 'dynion yn gweithredu sy'n gwneud yr efelychiad'.

Mae'n siŵr fod yr holl syniad am lenyddiaeth fel efelychiad yn taro'n ddieithr ar gyneddfau darllenwyr sy'n hoffi meddwl am y gelfyddyd fel un sy'n greadigol. Heddiw byddwn yn hoffi sôn am 'lenyddiaeth greadigol', ac er bod rhai am gyfyngu'r ymadrodd i olygu barddoniaeth a storïau, mae'n amlwg fod elfen greadigol mewn llawer math o lenydda. Dyna'r cofiant a'r hunan-gofiant: twyll yw tybio

9

mai ail-adrodd ffeithiau yn foel yn unig a wneir.[4] Mewn gweithiau fel *Cyffesion* Awstin Sant a *Hen Dŷ Ffarm* D. J. Williams, Abergwaun, mae'r llenor yn creu darluniau celfydd sy'n ymwneud â'i orffennol.

Os gofynnwn sut y daeth y Groegiaid i synied am lenyddiaeth fel gweithred o efelychu, fe welwn nad Aristoteles oedd y cyntaf i wneud hynny. Defnyddir y gair *mimêsis* fwy nag unwaith gan Aristophanes yn ei gomedïau, ac mae Platon yn cymhwyso'r gair at yr hyn sy'n digwydd mewn celfyddyd ac yn neilltuol mewn llenyddiaeth. Dyma enghraifft, felly, o ddylanwad Platon ar ei ddisgybl. Ond mae dehongliad Aristoteles yn bur wahanol, gan ei fod yn ymwrthod, fel y gwelsom, â theori Platon am y Ffurfiau.

Yn *Y Wladwriaeth* (Llyfr X) mae Platon yn gosod gweithgarwch y bardd fel efelychwr mewn golau eithaf diraddiol. Os yw'r Ffurfiau perffaith tu hwnt i'r byd gweledig, golyga hynny nad yw'r cyfan a welir yn y byd hwn namyn efelychiad neu gopi o'r ffurfiau hyn. Pan fydd y bardd yn mynd ati i efelychu, gan mai profiadau'r byd gweledig yw sail ei weithgarwch, mae'n astudio pethau a symudwyd oddi wrth raddfa'r Ffurfiau perffaith. Mewn geiriau eraill, efelychu efelychiad y mae, copïo copi; a golyga hynny fod llai o werth, o safbwynt y gwirionedd, yn ei waith. Eglureb y gwely a ddefnyddir ganddo. Y Ffurf ar wely yw'r un perffaith, y syniad gwir amdano; yna daw'r gwely a wneir gan y saer; ac yna'r gwely a bortreadir gan yr arlunydd. Y gwely olaf yw'r trydydd mewn graddfa o wirionedd.

Cefnodd Aristoteles ar athrawiaeth y Ffurfiau. Iddo ef mae pethau gweledig yn meddu dwy briodoledd: (a) ffurf; (b) deunydd neu fater. Cyfundodau o ffurf a mater yw popeth, a'r ffurf yw'r hanfod y gellir ei ddeall; ni ddylid gwadu ei wirionedd.[5] Nid copi o gopi, felly, a gynhyrcha'r artist. Mae'n astudio pethau sy'n fwy na chysgodion, ac mae'r weithred o efelychu gan hynny yn bwysicach o lawer.

Eto mae'r gair yn agored i'w ddehongli mewn ffordd sy'n

[4] Gweler trafodaeth D. Tecwyn Lloyd yn *Taliesin* 26 (1973), 6-7.
[5] Gweler Aristoteles, *Hist. An.* 1.5.645a a sylwadau Werner Jaeger, *Aristotle*, 339 yml.

rhy gul a chyfyng. Os yw'r artist yn efelychu natur yn unig, ai ystyr hyn yw rhyw fath o ffotograffiaeth mewn llenyddiaeth? Nid yw ffotograffiaeth, a dweud y gwir, yn bosibl wrth lenydda. Nid camera mo'r llenor; mae'n rhaid iddo drosglwyddo i eiriau beth bynnag a ddisgrifir ganddo. Os addefwn fod hyn yn nod posibl, fodd bynnag, sef ei fod am ddisgrifio'n ffyddlon yr hyn a brofodd neu a welodd — *reportage* yw'r gair addas, hwyrach — yna mae'n rhaid sylwi bod *mimêsis* yn rhywbeth gwahanol iawn. Prawf o hynny yw'r gosodiad a ganlyn :

> Gan mai efelychwr yw'r bardd, fel yr arlunydd neu unrhyw artist arall, rhaid iddo bob amser efelychu un gwrthrych o blith tri mewn nifer : pethau fel y buont neu fel y maent, pethau fel y dywedir eu bod neu fel yr ymddangosant, neu bethau fel y dylent fod.
>
> (25, 1460 b)

Nid ffyddlondeb slafaidd, felly, nid realaeth a naturiolaeth, yw'r unig bosibilrwydd i'r efelychwr. Nodir amrywiaeth y posibiliadau mewn man arall :

> Portreadir dynion gan Homer, er enghraifft, yn well na'r cyffredin; gan Cleophon yr un fath; ac yn waeth gan Hegemon y Thasiad, y cyntaf i gyfansoddi parodïau, a chan Nicochares, awdur y *Deilias*.
>
> (2, 1448 a)

Dangosir fel y disgwylir i'r bardd trasiedïol ddarlunio'r digwydd mewn drama, gan gyfleu hefyd y nodweddion moesol a theimladol sy'n ysgogi'r cymeriadau. Mae *mimêsis* felly yn cynnwys dehongli dwfn ar gymhellion dynion. Nid yw'n golygu'n unig 'dal y drych i wyneb natur' er ei fod yn cynnwys y syniad hwn.

Mae'n eithaf tebyg mai'r ddrama a roes fod i'r ddamcaniaeth am efelychu, oherwydd mewn drama gwelir dynion yn efelychu dynion eraill yn llythrennol. Estynnwyd y syniad wedyn i gynnwys yr holl gelfyddydau. Wrth ddadansoddi'r pleser aisthetig a ddaw o efelychu, dywed Aristoteles mai'r 'profiad o ddysgu' sy'n rhoi'r pleser mwyaf, nid yn unig i'r athronwyr, ond i ddynion yn gyffredinol. Yn y

11

cyswllt yma mae 'dysgu' yn golygu adnabod y berthynas rhwng y gwreiddiol a'r efelychiad ohono; ac arluniaeth sy'n rhoi'r eglureb o'r hyn sy'n digwydd:

> Dyma pam y cânt bleser wrth edrych ar y darluniadau, am eu bod wrth syllu yn dysgu a chasglu'n rhesymegol ynglŷn â rhywbeth arbennig, gan ddweud efallai, 'A, dyna hwn-a-hwn!' Oherwydd os digwydd na welsant y gwreiddiol ymlaen llaw, nid yr efelychiad sy'n rhoi'r pleser, ond y caboli neu'r lliwio neu ryw achos tebyg.
>
> (4, 1448 b)

Mewn llenyddiaeth, hefyd, yr awgrym yw bod dyn yn adnabod mewn celfyddyd y profiad a ddaeth yn hysbys iddo mewn bywyd, a bod hyn yn rhoi pleser. Os yw'r adnabyddiaeth yn ymwneud â deongliadau dyfnion parthed natur y profiad, yna mae'r diffiniad yn medru cyrraedd ymhell. Fel y mynegir ef yma mae'n rhoi argraff arwynebol.

Ar ddechrau'r ail bennod dywedir bod 'y sawl sy'n efelychu yn efelychu dynion yn gweithredu'; ac yma mae Aristoteles yn cynnwys yr holl gelfyddydau, arluniaeth yn eu plith. Datgelir un ffaith bwysig am gelfyddyd y Groegiaid, sef yw honno, mai dyn sy'n gyson yn y canol. Gall cefndir o fyd natur fod yn bresennol, ond cefndir yn unig yw i fywyd dyn. 'Dynion yn gweithredu' yw testun yr arlunydd a'r cerflunydd, y cerddor a'r bardd fel ei gilydd.

Ceir tipyn o bwyslais yma a thraw ar y rheidrwydd, wrth gynhyrchu _mimêsis_, o ddilyn y tebygol a'r rheidiol. Rhaid i'r newid mewn Trasiedi ddigwydd 'yn unol â rheol tebygolrwydd neu reidrwydd' (7, 1451 a). Dywedir bod barddoniaeth yn 'mynegi'r cyffredinol'; wedyn dywedir mai 'y cyffredinol ydyw'r modd y bydd person o gymeriad arbennig yn siarad neu'n gweithredu, yn ôl rheol tebygolrwydd neu reidrwydd' (9, 1451 b). Eto mae'n amlwg fod i'r gelfyddyd ei safonau mewnol ac annibynnol yn y mater hwn; rhaid iddi argyhoeddi ar wastad ei chyflwyniad ei hun o'r hyn sy'n gredadwy ac yn debygol:

> Gyda golwg ar ofynion celfyddyd, dylid dewis y credadwy sy'n amhosibl o flaen yr anghredadwy sydd eto'n

bosibl. . . . Gall mai amhosibl yw bodolaeth dynion o'r math a ddarluniodd Zewxis. Ond y mae'r amhosibl yn uwch, a dylai'r patrwm delfrydol ragori ar ffaith. I gyfiawnhau'r afresymol, defnyddier y ddadl ei fod yn unol â barn pobl. Hefyd, dangoser nad yw'r afresymol weithiau yn troseddu yn erbyn rheswm; er enghraifft, mae'n debygol y gall peth ddigwydd yn groes i debygolrwydd.

(25, 1461 b)

Crybwyllir, mewn man arall, sylw gan Agathon i'r un perwyl, wrth drafod digwyddiad sy'n ymddangos yn anodd ei gredu:

Mae digwyddiad o'r fath yn debygol yn ystyr Agathon; oherwydd tebygol, yn ôl ei awgrym ef, yw bod llawer yn digwydd yn groes i debygolrwydd.

(18, 1456 a)

Pe bai'r efelychu yn anelu yn unig at ffyddlondeb ffeithiol, mae'n amlwg na fyddai sylwadau o'r fath yn bosibl. To pithanon, 'yr hyn sy'n gredadwy neu yn argyhoeddi', dyna'r maen prawf. Dywedir y bydd awduron yn cadw at yr enwau arferedig oherwydd 'mai'r posibl sy'n gredadwy' (9, 1451 b). Ac eto, fel y gwelsom, credir bod y bardd celfydd yn medru gwneud i'r amhosibl ymddangos yn gredadwy.

Yn ei ddadansoddiad cyntaf o ystyr Mimêsis (yn y bed-waredd bennod) mae Aristoteles yn nodi bod celfyddyd yn medru trawsnewid y poen a geir wrth syllu ar bethau hagr i fod yn brofiad pleserus:

Y mae gwrthrychau sy'n peri poen i ni pan edrychwn arnynt; ond edrychwn ar ddarluniadau ohonynt, sy'n eu dynwared yn fanwl, gyda phleser, megis ffurfiau yr anifeiliaid mwyaf dirmygedig a chyrff meirw.

(4, 1448 b)

Meddwl am arluniaeth a cher018fluniaeth y mae yn bennaf yma. 'Roedd testunau ffasiynol y Groegiaid yn aml yn codi o'u chwedloniaeth; byddai moch Circe neu Cerberos (y ci a thri phen iddo) yn addas i'r disgrifiad; ac ni fyddai cyrff meirw yn anghyffredin chwaith. Mae'n ddiau fod yma gyfeiriad, yr un pryd, at natur Trasiedi: mae'r profiad a ddarlunir yno yn aml yn un poenus, ac eto drwy gelfyddyd y bardd mae'n rhoi pleser. Mae Gudeman yn ei esboniad (t. 118) yn dyfynnu llinellau Boileau, *L'art poétique* (3.1):

Il n'est point de serpent ni de monstre odieux
Qui par l'art imité ne puisse plaire aux yeux.

Cyfeiria wedyn at farn wahanol Lessing yn ei *Laokoon*, 24 yml. I Lessing y mae'r elfen a gaseir yn y gwrthrych a ddarlunir yn rhywbeth arhosol, tra bydd y pleser a ddaw o'r darluniad yn mynd heibio'n gyflym. Fel celfyddyd gain, yn ôl Lessing, ni bydd arluniaeth yn ceisio mynegi'r hagrwch o gwbl; ac nid oes le ynddi i hagrwch. Ymddengys mai yr un oedd barn John Morris-Jones:

Gwaith a diben celfyddyd ydyw efelychu natur, a gwella arni; er enghraifft, fe roes natur i ddyn anifeiliaid buain, ond trwy eu celfyddyd fe wna'r gofaint iddo beiriannau llawer buanach. Gwaith arbennig celfyddyd gain yw efelychu natur yn ei heffeithiau ar deimladau a chyneddfau dynion. Fel yr awgryma'r gair 'cain', ei ffordd hi o wella ar natur ydyw dethol ei defnyddiau o'r gwych yn unig, heb y gwael, a'u trin yn wych i greu prydferthwch amgenach.

(*Cerdd Dafod*, 1)

Defnyddir termau Aristotelaidd yma, ond gwahanol yw'r athrawiaeth.

Dywed Else yn ei esboniad (t. 128) nad oedd celfyddyd y Groegiaid yn y bedwaredd ganrif wedi dechrau ymhel eto â gwrthrychau atgas fel y disgrifir hwy gan Aristoteles; rhaid felly mai at fodelau, medd ef, neu at ddarnau o gyrff dynion a ddefnyddiwyd mewn labordai meddygol y mae Aristoteles yn cyfeirio. Anodd dilyn yr ymresymiad yma, oherwydd mae'r ymdriniaeth yn ymwneud â chelfyddyd. Ymhellach, pe bai wedi darllen esboniad Gudeman (ac mae'n eithaf dirmygus ohono), gwelsai restr o weithiau celfyddyd yn trin yr union destunau yma, ac mae amryw ohonynt yn perthyn i'r bumed a'r bedwaredd ganrif.

Gweithiau mewn cerfluniaeth ydynt yn bennaf, ac mae'n sicr fod modd eu cynnwys hwy yn y cyfeiriad.

Ar y llaw arall, nid oes awgrym o gwbl fod Aristoteles yn synied am gymeriadau Trasiedi o dan y categori hwn. Yn y bedwaredd bennod mae'n nodi cymeriadau Trasiedi (ac efallai yr Epig) fel rhai uchelryw; y ddychangerdd a Chomedi sy'n portreadu dynion gwael, a manylir ar Gomedi (yn y mater hwn) ychydig yn ddiweddarach:

> Y mae Comedi, fel y crybwyllwyd, yn efelychiad o ddynion gwaelach, eithr nid ar linell y drwg yn gyfan gwbl, gan mai rhan yn unig o'r hagr yw'r chwerthin-llyd. Rhyw ddiffyg neu anffurfiad ydyw'r elfen chwerthinllyd, ond un nad yw'n achosi poen na niwed. Er enghraifft, mae'r benwisg gomig yn hagr ac yn wyrdroëdig, eithr heb achosi poen.
>
> (5, 1449 a)

Dylid dehongli hyn, mae'n siŵr, i awgrymu mai Trasiedi sy'n achosi poen, er nad oes elfen hagr ynddi. Mewn man arall mae Aristoteles yn llym iawn yn ei gerydd ar afreswm neu aflendid a ddygir i mewn i'r ddrama heb fod cyfiawnhad iddo yn rhediad yr hanes:

> Ceryddir afreswm ac aflendid yn gyfiawn pan na bo rheidrwydd mewnol dros eu defnyddio, megis yr elfen afresymol ynghylch Aigews yn Ewripides, a drygioni Menelãos yn yr *Orestes*.
>
> (25, 1461 b)

Nid oedd felly o blaid ' trythyllwch er mwyn trythyllwch ', chwedl Pennar Davies. Yn ôl ei ddysg ef gall y bardd godi neu ostwng ei bortreadau mewn cymhariaeth â'r hyn sy'n ymddangos yn wir; neu gall anelu at eu cadw'r un fath. Gall y bardd ddarlunio drygioni ac anfoesoldeb, neu unrhyw brofiad dynol, ar yr amod ei fod yn gofalu bod pob gweithred yn codi'n naturiol o fywyd y cymeriad a bortreadir, ac nad yw'n amharu ar unoliaeth artistig y gwaith.

6. Y Diffiniad o Drasiedi

Y chweched bennod sy'n rhoi'r diffiniad enwog, ac mae'n dechrau gyda phwyslais ar y digwydd: 'Efelychiad, felly, yw Trasiedi o ddigwydd aruchel a chyflawn, sy'n meddu ar faintioli.' Yma mae'n crynhoi rhai pethau a ddywedwyd mewn penodau blaenorol. Mae'r 'digwydd', wrth reswm, yn medru cynnwys cyfres o ddigwyddiadau, ond mae er hynny'n gyfanwaith unol. Sonnir yn y penodau dilynol am 'saernïaeth y digwyddiadau', a dywedir mai 'cyfanwaith yw'r hyn sy'n meddu dechreuad a chanol a diwedd'; nodir wedyn y cysylltiad achosol sy'n clymu'r tri hyn. Yn yr ymadrodd 'digwydd aruchel a chyflawn' mae'r ansoddair cyntaf yn cyfeirio at aruchedd y personau, yn enwedig y prif gymeriad, sy'n cymryd rhan. Mae'r gair am 'aruchel', *spoudaios*, yn sicr yn cynnwys arlliw moesol; gweler rhybudd Grube, *The Greek and Roman Critics*, 74, yn beirniadu'r esbonwyr sydd am dybio bod criteria Aristoteles yn rhai aisthetig yn unig ac yn rhydd o ystyriaethau moesol. Ond er bod gosodiad yn dilyn sy'n nodi bod Trasiedi yn efelychu 'dynion yn gweithredu', ac er rhoddi cryn sylw ar ôl hyn i natur y prif gymeriad, eto deil Aristoteles yn gyson yn ei bwyslais ar flaenoriaeth y digwydd.

Nid yw iaith, sylwer, yn ddibwys: bydd Trasiedi 'mewn iaith a felysir gan bob math o addurn, a'r mathau gwahanol mewn rhannau gwahanol o'r gwaith'. Rhywbeth a ychwanegir, mae'n wir, yw'r syniad sydd yn y gair 'addurn'. Y prif raniad sy'n oblygedig yn y 'mathau gwahanol' a'r 'rhannau gwahanol' yw'r ymddiddan a'r corawdau; mae gwahaniaethau mewn mydr yma a hefyd yn y ffaith fod y corawdau yn cael eu canu i gyfeiliant. Wrth nodi bod yr efelychiad yn digwydd 'nid drwy adrodd eu hanes', cyfeirir at y dull gwahanol hwn a geir mewn Epig.

Yna y daw'r cyfeiriad at y teimladau a gynhyrfir gan Drasiedi: 'a thrwy dosturi ac ofn y mae'n gweithio allan deimladau o'r fath.' Defnyddir y gair *catharsis* yma; gweler y drafodaeth isod. Sylwa Rostagni mai dim ond am y teimladau hyn y sonnir; cymharer y ddau gyfeiriad ar ddechrau

Pennod 13. Onid yw Trasiedi'n medru cyffroi teimladau eraill megis tristwch, gobaith llon (dros dro beth bynnag), tangnefedd, syndod, dicter? Mae'n bosibl fod yr ymadrodd 'teimladau o'r fath' yn cynnwys teimladau heblaw tosturi ac ofn. Mae Gudeman yn nodi bod y drefn yn un ryfedd; wedi disgyn o'r ofn y daw tosturi. Yn ôl Aristoteles mae'r trasiedïwr yn medru sianelu a rheoli teimladau ei gynulleidfa i sicrhau canlyniadau sydd iddo ef yn rhai addas a dymunol. Dywed Norman Gulley, *Aristotle on the Purposes of Literature* (darlith agoriadol yng Ngholeg Dewi Sant, Llanbedr-Pont-Steffan, Gwasg Prifysgol Cymru, 1971), 10:

> 'Aristotle is right. All literary art is propagandist in its literary aims. Accepting this, Aristotle considers it important that its emotional effects should be good effects.'

Wrth nodi'r chwe rhan sydd i bob trasiedi ('y stori a'r cymeriadau a'r iaith a'r meddwl a'r arddangosiad a'r canu'), rhoi y stori (*muthos*) yn gyntaf. Mae hyn yn cyfateb i'r pwyslais cychwynnol ar y 'digwydd'.

7. *Saernïaeth y Digwyddiadau*

Rhoi tair ar ddeg o benodau i drafod y pwnc pwysig hwn, ac yn y chweched bennod dangosir mor sylfaenol ydyw. I Aristoteles mae'r cymeriadau hefyd yn bwysig, ond maent yn gwasanaethu pwrpas y digwydd:

> Oherwydd mae Trasiedi yn efelychiad nid o ddynion ond o ddigwyddiadau ac o fywyd. Ni bydd dynion yn gweithredu, felly, ar y llwyfan er mwyn gosod allan eu cymeriadau; ond dangosant y cymeriadau yn sgîl dangos y gweithredoedd. Felly nod Trasiedi yw'r digwyddiadau a'r stori; a'r nod yw'r peth pwysicaf oll. Heb ddigwydd ni fyddai trasiedi yn bosibl; byddai'n bosibl heb gymeriadau.
>
> (6, 1450 a)

Dywed ychydig yn ddiweddarach mai 'y stori, felly, yw dechreuad, ac megis enaid Trasiedi, ac yn ail y daw cymeriad'. Mae awgrym o straen, gallem feddwl, yn y taeru

17

yma. Sut y byddai trasiedi yn bosibl heb gymeriadau? Awgrym rhai yw mai 'heb gymeriadau argoeddiadol' yw'r ystyr, ond cyfeiria D. W. Lucas at ddramâu Maeterlinck a hefyd rhai cyfoes fel enghreifftiau o ddramâu sy bron yn hepgor cymeriadau. Un anhawster yma yw'r gosodiad cyn-harach fod i bob drama chwech o rannau, a bod y cym-eriadau yn ffurfio un o'r rhain. Dadl Else yw bod y gosodiad hwn yn disgrifio'r ddrama normal yn unig.

Brawddeg hynod, gellid meddwl, yw 'Oherwydd mae Trasiedi yn efelychiad nid o ddynion ond o ddigwyddiadau ac o fywyd'. Gellid dadlau ei bod yn gwrth-ddweud i raddau y pwys mawr a roir yn nes ymlaen ar y prif gymeriad. Mae Mr. John Jones, sy'n darlithio ar lenyddiaeth Saesneg ym Mhrifysgol Rhydychen, yn talu cryn sylw i'r frawddeg, oherwydd thesis ei lyfr disglair ef[6] yw mai creadigaeth y Dadeni yw'r Arwr mewn Trasiedi, ac mai camgymeriad yw gweld y ddamcaniaeth yn llyfr Aristoteles. Mae'n eglur, er hynny, fod Aristoteles am glymu'r digwydd a'r cymeriadau mewn ffordd agos:

> Gan fod Trasiedi yn efelychiad o ddigwydd, fe'i gweithredir gan ddynion yn gweithredu; a rhaid i'r rhain feddu rhyw arbenigrwydd mewn cymeriad a meddwl (oherwydd y ddau beth yma sy'n pennu natur y digwyddiadau eu hunain, a dibynna pob llwyddiant neu aflwyddiant ar yr achosion hyn).
>
> (6, 1449 b yml.)

Mae'n eglur hefyd, er nad yw'n defnyddio'r gair 'Arwr', fod y prif gymeriad, yn ôl ei syniad ef, yn ganolbwynt y digwydd.

Undod y Digwydd

Eto dywedir ar ddechrau'r wythfed bennod, wrth drafod pwysigrwydd undod y ddrama, na warentir hyn wrth ofalu bod y stori ynglŷn ag un person: 'oherwydd digwydd lliaws o bethau amrywiol i un person, ac ni ddaw rhai

---

[6] John Jones, *On Aristotle and Greek Tragedy* (Llundain, 1962). Gweler yn arbennig dd. 30 yml.

18

ohonynt o fewn cylch undod; yn yr un modd, llawer yw gweithredoedd un person, ac ni ellir ohonynt un weithred '. Yn y digwydd ei hun y mae'r undod, ac mae'r cwlwm rhwng dechrau a chanol a diwedd yn agwedd bwysig ohono.

Trafodir hyd trasiedi o'r safbwynt hwn, a dywedir mai ' po hwyaf y ddrama, harddaf oll y bydd yn herwydd ei hyd, ar yr amod ei bod yn eglur '. Eir ymlaen fel hyn :

Ac i ddiffinio'r mater yn fras, cyfyngiad digonol ar yr hyd ydyw cymaint ag a rydd gyfle i'r newid ddigwydd, yn unol â rheol tebygolrwydd neu reidrwydd, o drueni i ddedwyddwch neu o ddedwyddwch i drueni.

(7, 1451 a)

Sylwer yma fod Trasiedi yn medru dynodi, i'r Groegiaid, ddiweddglo dedwydd, er bod y gwrthwyneb yn fwy nod-weddiadol ohoni. Dywedir felly y ' dylai'r newid fod, nid o drueni i ddedwyddwch, ond fel arall, o ddedwyddwch i drueni ' (13, 1453 a); ar ddiwedd yr un bennod sonnir am y ' terfyniad gwahanol i'r cymeriadau da a drwg ' a dywedir am drasiedi o'r fath, ' Cyfrifir hi yn gyntaf oherwydd gwendid y gynulleidfa, am fod y bardd yn ymostwng i wneud yn ôl dymuniad y gynulleidfa '; ac ychwanegir, ' Nid y pleser a ddaw o Drasiedi yw'r pleser a geir fel hyn, eithr hwnnw yn hytrach sy'n briodol i Gomedi.' Wrth reswm, 'roedd cwestiwn hyd y ddrama yn dibynnu ar amodau allanol y theatr. Yr arferiad yn Athen yng ngŵyl fawr Dionusos oedd cychwyn gyda'r wawr ac aros yn y theatr tan fachlud haul; yn ystod yr amser hwn perfformid tair trasiedi a drama saturig a chomedi — pump o ddramâu yn dilyn ei gilydd fwy neu lai yn ddi-fwlch : gweler Pickard-Cambridge (diwygiwyd gan J. Gould a D. M. Lewis), *The Dramatic Festivals of Athens* (Rhydychen, 1968), 66 a 272. Âi rhaglen felly ymlaen am ddyddiau. Tua chanol y bedwaredd ganrif torrwyd i lawr ychydig ar y rhaglen ddyddiol. Y tebyg yw, felly, fod un drasiedi wedi cymryd o gwmpas dwy awr i'w chyflwyno. Mewn diwrnod o ddeuddeg awr cymerid dwy awr i gyd rhwng y dramâu i newid y golygfeydd; gweler T. B. L. Webster, *Greek Theatre Production* (Llundain, 1970), 3.

19

Dilynir y pwys ar undod a chyfanrwydd y digwydd ymlaen drwy'r seithfed a'r wythfed bennod. Am Drasiedi y mae Aristoteles yn sôn. A fyddai'n debyg o gymhwyso'r un egwyddor at fathau eraill o farddoniaeth? Byddai, yn sicr, a chyfeiria yn neilltuol at gerddi epig. Ond prin y gellid dadlau bod yr alwad am gwlwm achosol yn y digwydd yn addas i'r holl fathau eraill.

Yn ei gerdd hir yr *Ars Poetica* mae Horas, y bardd Lladin, yntau yn pwysleisio egwyddor undod a chyfanrwydd. Mae'n rhoi sylw arbennig i'r ddrama, ond mae'n cynnwys mathau eraill o farddoniaeth yn y trafod. Yn ôl pob tebyg edrychai Horas ar Aristoteles fel sylfaenydd ei athrawiaeth feirniadol, ond pwysodd dipyn hefyd ar waith y Groegwr Neoptolemos, bardd a beirniad a fu'n byw yn y drydedd ganrif C.C.

Nid yw *Ars Poetica* Horas yn gerdd sydd ei hunan yn arddangos rhinweddau undod a chyfanrwydd mewn ffordd amlwg iawn. Er hynny llwyddodd yr Athro C. O. Brink yn ei gyfrolau *Horace on Poetry* (1963 a 1971) i ddangos bod iddi gynllun gweddol gadarn er gwaethaf ambell newid sydyn yn y cyflwyno. Gweler, hefyd, ar gwestiwn undod yn gyffredinol, R. M. Jones, *Tafod y Llenor*, 288 yml.

Dewis y Thema

Wrth anelu at undod yn y digwydd byddai'n rhaid i'r dramäwr gymryd gofal i ddethol ei ddeunydd. Y chwedlau traddodiadol oedd y brif ffynhonnell, ond gadawai hyn gryn ryddid wrth drefnu a dethol. Yn ôl sylwadau Aristoteles ar y mater byddai modd cynnwys cymeriadau ffug gyda rhai chwedlonol neu hanesyddol (a siarad yn fras, mae ef yn ystyried y chwedlau fel hanes), a sonia am ddrama eithriadol gan Agathon, *Anthews,* lle nad oedd dim dibyniaeth ar y storïau traddodiadol:

> Eto ceir rhai trasiedïau lle nad oes ond un neu ddau enw adnabyddus a'r enwau eraill yn rhai ffug. Mewn trasiedïau eraill ni cheir yr un enw adnabyddus, megis yn *Anthews* Agathon. Oherwydd yn hon y mae'r bardd

wedi creu'r digwyddiadau a'r enwau fel ei gilydd, ac
ni roddant am hynny lai o bleser. Ni ddylid felly geisio
glynu'n ddieithriad wrth y storïau traddodiadol sy'n
destun mwyafrif y trasiedïau. Yn wir, ffolineb fyddai
ceisio gwneud hynny, gan mai i ychydig y mae hyd yn
oed y storïau adnabyddus yn adnabyddus, ac eto
rhoddant bleser i bawb.

(9, 1451 b)

Tuedd esbonwyr yw amau'r gosodiad olaf, mai ychvdig yn
unig oedd yn gyfarwydd â'r chwedlau adnabyddus.
Dyfynnir *dictum* Antiphanes, awdur comedïau a oedd yn
boblogaidd yn nechrau'r bedwaredd ganrif.

Mae Trasiedi'n gelf lwcus gyda'r gorau,
Gŵyr pawb y stori i gyd cyn ichi ddechrau.

Mae'r awdur comedïau, ar y llaw arall, yn gorfod creu stori
a chymeriadau o'r newydd; gweler J. M. Edmonds, *The
Fragments of Attic Comedy*, II (Leiden, 1959), 256-9, rhif
191. I unrhyw un a fynychai'r theatr yn gyson 'roedd hi'n
anodd osgoi, gellid meddwl, ryw wybodaeth elfennol am y
storïau a gyflwynid mor aml. A dywed Aristoteles ei hun
yn y *Rheitheg* (1416 b 27) nad oes dim angen esboniad ar
bobl os ydych am ganmol Achil'les, oherwydd ' gŵyr pawb
am y digwyddiadau '. Mae Gould a Lewis yn eu diwygiad
o lyfr Pickard-Cambridge, *The Dramatic Festivals of Athens*
(1968), 275-6, yn dadlau dros dderbyn gosodiad Aristoteles
yn y *Farddoneg*. Cyfeirir at linellau yn *Hippolutos*
Ewripides (451-6), lle dywedir bod carwriaethau Zews yn
hysbys i'r rhai sy'n meddu cyfansoddiadau'r hen awduron
ac sy'n ymhél â barddoniaeth; yr awgrym yw mai ychydig
yw'r rhain. Eto 'roedd y theatr ei hun yn gyfrwng gwybod-
aeth i'r anllythrennog.

Y Gwendid Episodig

Yn y nawfed bennod (diwedd 1451 b) ymosodir yn llym
ar ' storïau episodig ' mewn dramâu. Perthyn y mae'r rhain,
meddir, i'r math ' syml ' ar drasiedi, a diffinir stori episodig

21

fel un 'lle nad oes na thebygolrwydd na rheidrwydd yn peri i'r episodau ddilyn ei gilydd'. Dywedir wedyn:

Cyfansoddir rhai felly gan feirdd gwael oherwydd eu diffyg cynhenid, a chan feirdd da oherwydd ymgais i fodloni'r actorion; oherwydd wrth sgrifennu gweithiau cystadleuol ac estyn y stori y tu hwnt i'w therfynau priod, gorfodir hwy'n fynych i wyrdroi'r drefn naturiol.
(9, 1451 b)

Gwelir dau fai felly ar y math hwn o drasiedi; yn gyntaf, mae'r episodau yn dilyn ei gilydd heb fod cwlwm achos-ac-effaith yn eu clymu; yn ail, mae gormod ohonynt am eu bod yn 'estyn y stori y tu hwnt i'w therfynau priod'. Diffinir episod yn 12, 1452 b fel 'y cwbl o'r drasiedi a ddaw rhwng dwy gerdd gorawl gyflawn'; mae'r episodau felly'n cyfateb i'r actau mewn drama fodern. Ond weithiau mae Aristoteles yn defnyddio 'episod' i olygu darn digyswllt a wthir i fewn, a dyna'r ystyr sydd iddo yma. Byddai'r darnau amherthnasol hyn yn rhoi gwell cyfle i rai o'r actorion ac yn y ffordd yma yn eu 'bodloni'. 'Roedd newid golygfa yn digwydd yn llawer llai aml yn theatr yr Atheniaid nag yn y theatr modern, er bod y newid weithiau yn beth syml iawn, megis rhoi cerfluniau o dduwiau gwahanol yn y cefndir; gellid symud o Delphi i Athen drwy roi cerflun o Athena yn lle un o Apol'lon: gweler Webster, *Greek Theatre Production*, 15.

Yn hanes diweddarach y ddrama peth buddiol yw sylwi ar y gwerth parhaol sydd yn sylwadau Aristoteles ar y ddrama episodig. Yn gynnar yn hanes y ddrama yn Lloegr dilynwyd gweithiau Seneca fel patrymau, a golygai hynny fod peth o'r clymu tynn sy'n nodweddu ei drasiedïau ef, fel ei gynseiliau Groegaidd, wedi aros. Ymadawodd Marlowe a Shakespeare â'r patrwm clasurol, ac er i'r newid brofi'n fendithiol mewn amryw ffyrdd, weithiau daw gwendid yr ymdriniaeth wasgarog i amharu ar eu gwaith. Yn y cyfnod modern un o'r dramawyr mwyaf Aristotelaidd ei ganonau mewn saernïaeth ydoedd Ibsen. Mae'n bleser craffu ar yr undod nerthol sy'n nodweddu dramâu fel *Y Tŷ Dol* neu *Colofnau Cymdeithas*. Yn Bertolt Brecht, ar y llaw arall,

22

cafwyd apostol haerllug i'r ddrama episodig. Mewn dramâu fel *Mutter Courage und ihre Kinder* a *Der gute Mensch von Sezuan* heriodd yr hen draddodiad. Yn wir honnodd Brecht yn ymwybodol ei fod yn anelu at ddrama wrth-Aristotelaidd neu ddrama epig. Gwir iddo osgoi'r bai o glymu golygfeydd wrth ei gilydd yn ddiamcan. Y cyfle a welodd ef yn y dull episodig yw'r gwelediad panoramig sy'n bosibl drwyddo ar oes neu yrfa gyfan; hefyd y cyfle i drefnu cyferbyniadau disglair. Yn naturiol mae dramâu o'r fath yn fwy trafferthus i'w cynhyrchu, ac ni fyddant byth yn llwyddo i lwyr osgoi'r gwendid o fethu canoli'r thema yn ddigonol. Caed enghreifftiau Cymraeg yn *Hanes Rhyw Gymro* gan John Gwilym Jones a *Harris* gan Islwyn Ffowc Elis, y naill yn rhoi cip ar fywyd Morgan Llwyd a'r llall ar fywyd Hywel Harris. A yw'r ffaith fod gyrfa un person yn destun i'r ddrama yn gwarantu undod? Nac ydyw, yn sicr, ac wrth adolygu perfformiad o *Harris* yn *Y Faner* fe sylwodd Mr. Mathonwy Hughes fod natur wasgarog yr ymdriniaeth, sy'n awgrymu pasiant yn hytrach na drama, yn ei anesmwytho. 'Roedd ei sylwadau yn llinach beirniadaeth Aristoteles. Eto mae rhinweddau amlwg i'r ddwy ddrama a enwais, a chyfoethogir amrywiaeth ein traddodiad llenyddol drwyddynt.

Peripeteia : *Gwrthdro*

Yn y ddegfed bennod dosberthir storïau yn rhai syml a chymhleth, a dywedir bod Gwrthdro (*peripeteia*) a Darganfyddiad (*anagnôrisis*) yn nodweddu'r rhai cymhleth. Yn y bennod ddilynol rhoir yr esboniad a ganlyn ar yr elfen gyntaf :

> Y Gwrthdro yw newidiad y digwydd, megis y crybwyllwyd, i gyfeiriad llwyr wahanol, a hyn, fel y dywedwn, yn ôl rheol tebygolrwydd neu reidrwydd. Ceir enghraifft yn yr *Oidipws*: daw dyn i galonogi Oidipws ac i'w ryddhau o'i ofn ynglŷn â'i fam, ond trwy amlygu pwy ydyw, cynhyrcha'r effaith wrthgyferbyniol. Ac yn *Luncews* arweinir Luncews ymaith i'w

farwolaeth; mae Danäos yn ei ddilyn gyda'r bwriad o'i ladd; ond canlyniad y digwydd yw mai Danäos a leddir ac mai Luncews a arbedir.

(11, 1452 a)

Wrth gyfeirio'n ôl ar y dechrau ('newidiad y digwydd, megis y crybwyllwyd') hwyrach y gallai Aristoteles fod yn meddwl am ddiwedd y seithfed bennod, lle sonnir am yr hyd sy'n ddigonol mewn trasiedi i roi cyfle 'i'r newid ddigwydd, yn unol â rheol tebygolrwydd neu reidrwydd, o drueni i ddedwyddwch neu o ddedwyddwch i drueni'. Mae peth gwahaniaeth, fodd bynnag, yn y ddau gyfeiriad: syniad y Gwrthdro yw'r newid sy'n digwydd mewn rhan gyfyngedig o'r stori, ond y newid cyffredinol yn y stori a gyflëir yn y cyfeiriad arall. Efallai mai at ddywediad diweddarach y cyfeirir:

Eto, mae Trasiedi yn efelychiad nid yn unig o ddigwydd cyflawn, ond hefyd o bethau a bair ofn a thosturi, a gwneir hyn orau pan ddigwydd y pethau yn groes i'r disgwyl a phan arweinia'r naill ddigwyddiad at y llall.

(9, 1451 b - 52 a)

Yn sicr y mae'r ymadrodd am bethau'n digwydd 'yn groes i'r disgwyl' yn cyfateb i brif syniad y Gwrthdro.

Trown yn awr at yr enghreifftiau a roddir. (Gweler hefyd nodiadau 26 a 27). Mae Aristoteles wedi talfyrru ychydig, yn naturiol, ar y rhan yma o'r *Oidipws Frenin*: mae'r negesydd wedi dod, yn gyntaf peth, gyda'r newydd calonogol fod pobl Corinth wedi ei wneud yn frenin. Annisgwyl yw ymateb y brenin; oherwydd hyn mae'r negesydd yn mynd yn ei flaen i roi gwybodaeth iddo am ei darddiad, eto gyda'r bwriad o'i gysuro, ond mae hyn yn arwain y brenin at y gwir ffeithiau am ei rieni. Mae'r datblygiad annisgwyl yn siomi teimlad y negesydd; yn fwy pwysig, mae'n cythryblu'r brenin; yn bwysicaf oll, mae'n effeithio ar ddiddordeb a theimladau'r gynulleidfa. Cynhwysir yr ystyron yma oll yn y cyflead. Gweler ymhellach sylwadau Ceri Davies yn *Y Traethodydd* 128 (1973), 172-3.

Yn yr ail enghraifft mae cyfeiriad at y chwedl am Danäos a'i ferched. Brawd i Aiguptos, brenin ar yr Aifft, oedd Danäos, yn ôl y stori, ac 'roedd ganddo hanner cant o ferched. 'Roedd gan Aiguptos, yn rhyfedd iawn, hanner cant o fechgyn, a bu iddynt yrru Danäos a'i deulu allan o'r Aifft ac i Argos yn neheudir Groeg. Yma ym mhen amser y cyrhaeddodd meibion Aiguptos yn haerllug iawn, a gorfodi'r merched i'w priodi. Ond rhoddodd Danäos orchymyn llym i'r merched: ar noson y briodas 'roedd pob un i ladd ei chymar; a dyna a fu, ac eithrio yn hanes Hupermnestra. Arbedodd hi ei gŵr Luncews a'i helpu i ddianc rhag bygythion ei thad. Gorchmynnodd Danäos ei ladd, ond mewn gwirionedd Danäos ei hun a laddwyd oherwydd bod Luncews wedi mynnu dial arno. (Mewn ffurf arall ar ddiwedd y chwedl mae Danäos yn cydnabod hawl Luncews ar ei ferch Hupermnestra). Y gwahaniaeth, efallai, yn yr enghraifft hon o *peripeteia* yw bod y newid yn digwydd yn y sefyllfa yn bennaf; yn yr enghraifft gyntaf pwysleisir y dymchwel ar fwriad person. Ond gellid dadlau bod bwriad person, sef Danäos, yn cael ei ddymchwel yn yr ail achos hefyd.

Gellid nodi enghreifftiau eraill. Yn y *Choëphoroi* gan Aischulos daw dau ddieithryn i blasdy Clutaimnestra ac Aigisthos. Mewn gwirionedd Orestes a Phulades yw'r ddau yma. Ni ŵyr Clutaimnestra mo hynny, ac mae'n arwain y ddau i fewn gyda'r bwriad o estyn croeso a lletygarwch iddynt. Yn lle hynny troir y bwriad i gyfeiriad dychrynllyd — lleddir hi a'i gŵr gan yr ymwelwyr fel dial am ladd Agamemnon. Eto yn y *Trachiniai* gan Sophocles mae Deianeira, gwraig Heracles, yn clywed bod ei gŵr yn caru merch arall, Iolê. Er mwyn adennill serch ei gŵr mae Deianeira yn anfon mantell harddwych ato sy wedi ei hiro â gwaed swyngyfareddol i ddeffro serch. Mewn gwirionedd mae'r enaint yn wenwyn sy'n llosgi, ac mae Heracles yn marw.

Yng ngwraidd y gair *peripeteia* y mae'r syniad o gwymp. Pan fo hyn yn annisgwyl, gall y datblygiad gyffroi teimladau'r sylwedydd, ac mae'n amlwg fod elfen o'r fath

25

yn bresennol mewn llawer arwrgerdd a stori a nofel. Mewn drama, pan fydd y gynulleidfa mewn ffordd i wybod y dynged a fygythir, a'r cymeriad heb wybod hynny, gall y sefyllfa arwain yn aml at eironedd dramatig. Ceir sawl enghraifft rymus yn *Blodeuwedd* Saunders Lewis, ac addas yw ei eiriau ef yn ei Ragair i'r ddrama (Dinbych, 1948):

> Byddai'n help i'w deall hi a deall y cymeriadau petai'r gynulleidfa Gymreig mor gyfarwydd â'r Mabinogi ag oedd cynulleidfa'r dramawyr Groegaidd â'u hen chwedlau hwy.

Yn ei chweched bennod dywed Aristoteles, wedi pwysleisio pa mor sylfaenol yw'r stori a saernïaeth y digwyddiadau, ' Ymhellach, mae'r pethau sy'n cyffroi'r teimladau yn fwy na dim mewn trasiedi yn rhannau o'r stori — y Gwrthdroadau a'r Darganfyddiadau'. Nid dibwys felly mo'r elfennau hyn. Yn wir, mae'r Gwrthdro yn ei hanfod yn ymwneud â'r syniad o dynged mewn perthynas i'r prif gymeriad. Dywed F. L. Lucas (*Tragedy*, 112) fod *peripeteia*, o'i amgyffred yn iawn, yn arwyddo athroniaeth drasiedïol gyfan am fywyd, a hynny am fod bwriadau dynion yn troi yn eu herbyn, a dallineb dynol yn arwain i gyflafan yn eu bywyd.

Anagnôrisis : *Darganfyddiad*

Gwelsom fod Aristoteles yn cyplysu'r Darganfyddiad â'r Gwrthdro. Mae hyn yn naturiol gan fod y prif gymeriad, neu gymeriad arall, ar ôl profi dymchwel ei fwriad, yn darganfod y gwir.

> Y Darganfyddiad, fel yr arwydda'r gair, yw'r newid o anwybodaeth i adnabyddiaeth neu i gariad neu elyniaeth ymysg y cymeriadau a dynghedwyd i ddedwyddwch neu i drueni. Mae'r Darganfyddiad ar ei orau pan fo Gwrthdro yn digwydd yr un pryd, fel y mae'n wir yn yr *Oidipws*. Ceir hefyd fathau eraill o Ddarganfyddiad : gall hyd yn oed wrthrychau difywyd a phethau damweiniol fod weithiau yn ganolbwynt y Darganfyddiad; eto, gellir darganfod a wnaeth rhywun rywbeth neu beidio. Ond y math a grybwyllwyd gyntaf

sy'n cyffwrdd fwyaf â'r stori a'r digwydd. Bydd y math hwn o Ddarganfyddiad, gyda'r Gwrthdro, yn cynhyrchu tosturi neu ofn — effeithiau sy'n agos at hanfod yr efelychiad mewn Trasiedi, oherwydd o gwmpas digwyddiadau fel hyn y bydd adfyd a dedwyddwch yn troi.

(11, 1452 a-b)

Ym mhennod 16 rhoir enghreifftiau pellach, yn cynnwys rhai o weithiau epig; ac er gwaethaf y sylw uchod parthed 'gwrthrychau difywyd a phethau damweiniol' mae'r enghreifftiau i gyd yn ymwneud â phersonau. Gwir bod adnabyddiaeth neu hunan-adnabyddiaeth yn yr ystyr yma yn cynnwys darganfod ffeithiau cysylltiedig; pan fydd Oidipws yn dod i wybod pwy ydyw, a phwy yw ei rieni, daw hefyd i wybod bod gosodiadau'r oracl amdano yn wir.

Pathos (11, 1452b): Y Dioddef

'Digwydd dinistriol neu boenus yw'r Dioddef, megis angau o flaen ein llygaid, ac arteithiau corfforol a chlwyfau a phethau tebyg.'

Mewn astudiaeth o ystyr *pathos* yn y llyfr (*Greece and Rome* 19, 1972, 1-11) dengys y Prifathro B. R. Rees fod yr ymadrodd a droswyd yma fel 'o flaen ein llygaid' yn ehangach ei ystyr, yn ôl pob tebyg, nag 'ar y llwyfan'. 'Yn yr amlwg' yw'r ystyr lythrennol, a gall gynnwys pethau a ddigwyddodd o'r golwg, ond a ddaw wedyn i'r amlwg. Gwneid hyn weithiau drwy'r peiriant a ddatguddiai bethau mewnol, sef yr *ekkuklêma*. Gweler Peter Walcot, *Greek Drama in its Theatrical and Social Context* (Caerdydd, 1976), 68.

Yr 'Undodau'

Ar undod y digwydd y mae pwyslais Aristoteles. Mewn un man mae'n sôn am y ffaith fod trasiedi fel arfer yn cynnwys digwydd nad yw'n ymestyn dros bedair awr ar hugain. Yn y cyswllt hwn mae'n cyferbynnu Trasiedi ac Epig:

Gwahaniaethant hefyd mewn hyd: mae Trasiedi'n ymdrechu, hyd y gall, i'w chyfyngu ei hun i'r amser a gymer un troad o'r haul, neu rywle yn agos at hynny; eithr nid oes i farddoniaeth Epig unrhyw gyfyngiad mewn amser.

(5, 1449 b)

Nid gosod rheol a wneir yma, ond dynodi arfer, a cheir ambell eithriad i'r arfer, fel yn *Agamemnon* ac *Ewmenides* Aischulos ac yn *Ymbilwyr* Ewripides. Gweler H. House, *Aristotle's Poetics*, 65 n. 1.

Yn ystod y Dadeni yn Ewrop dechreuwyd athrawiaethu, ar sail honedig Aristoteles, ar 'undod amser' mewn trasiedi, a dehongli 'un troad o'r haul' fel deuddeg awr. Gwnaed y camgymeriad hefyd o gyfystyru amseriad y perfformiad ag amseriad y digwydd.

Datblygwyd rheol yn ogystal am 'undod lle' mewn trasiedi. Rhaid i'r llwyfan arddangos un lle yn unig drwy gydol y digwydd. A oes sail o gwbl yn *Y Farddoneg* i'r gosodiad hwn? Wrth gyferbynnu Trasiedi ac Epig dywedir hyn:

Ond mae gan Farddoniaeth Epig fantais arbennig i ymehangu mewn hyd; oherwydd mewn trasiedi ni ellir efelychu digwyddiadau mewn nifer o rannau sy'n mynd ymlaen yr un pryd. Rhaid cyfyngu'r gwaith i'r hyn a ddigwydd ar y llwyfan ac i'r hyn a chwaraeir gan yr actorion. Ond mewn cerdd epig, oherwydd y dull a arferir o adrodd stori, gellir cyflwyno llawer o ddigwyddiadau a weithredir ar yr un pryd.

(24, 1459 b)

Yn wahanol i'r theatr modern ni allai theatr y Groegiaid ddangos llwyfan wedi ei rhannu'n ddwy olygfa. Er hynny gallai ddynodi cyd-ddigwyddiad drwy gyfrwng sain, fel pan fydd plant Medea yn gweiddi o'r tu mewn wrth gael eu lladd. Dadleuodd Bywater fod y darn a ddyfynnwyd yn cydnabod yn anuniongyrchol fod undod lle yn anghenraid mewn trasiedi. Ond sôn y mae Aristoteles yma am bethau sy'n digwydd yr un pryd; nid yw'n awgrymu na ellir dangos pethau sy'n dilyn ei gilydd mewn gwahanol leoedd.

28

Eto fe wyddai ysgolheigion y Dadeni fod trasiedïau'r Groegiaid fel arfer yn cadw at un lle. Ceir ambell eithriad fel yn yr *Ewmenides* gan Aischulos, lle symudir o Delphi i Athen.

Ym mhen amser, felly, cafwyd athrawiaeth am y tri undod hanfodol — digwydd, amser, lle. Yr Eidalwyr Giraldi Cintio, Robortelli, Segni, a Castelvetro oedd y cyntaf i ddatblygu'r syniadau hyn. Castelvetro a luniodd yr athrawiaeth gryno yn gyntaf, a hynny ym 1570. Yn fuan wedyn fe'i dilynwyd gan y Ffrancwr De la Taille, a chan Philip Sidney yn ei *Defence of Poesy*. O'r Eidal i Ffrainc, ac o Ffrainc i Loegr — dyna'r symud yn y syniadau hyn. Yn yr ail ganrif ar bymtheg mae Corneille yn pleidio'r tri undod yn ei *Discours des Trois Unités* (1660), a chafodd yr holl ddehongliad gryn ddylanwad ar y dramäwr mawr Racine. 'Roedd gan yr awduron hyn dipyn o barch hefyd i Horas a Seneca. Yn Lloegr mae'n debyg mai Milton, wrth sgrifennu *Samson Agonistes*, a luniodd y drasiedi agosaf at ganonau Aristoteles; mae hefyd yn derbyn yr undodau ychwanegol ac yn nodi yn ei Ragair ei fod yn dilyn 'the Antients and *Italians*': gweler ymdriniaeth werthfawr B. R. Rees, *Aristotle's Theory and Milton's Practice*: Samson Agonistes (Birmingham, 1971), yn enwedig tt. 11-12. Yn ei *Essay of Dramatic Poesy* (1668) mae Dryden yn honni'n gywir nad oedd 'undod lle' yn egwyddor gan Aristoteles na Horas. Gweler ymhellach Lane Cooper, *The Poetics of Aristotle*: *Its Meaning and Influence*, 99 yml.; a H. House, op. cit., 64-7.

'Deus ex Machina'

Er mai cymeriad yw pwnc Pennod 15, dywed Aristoteles yno, 'Mae gan hynny yn eglur y dylai'r gwaith o ddatrys y stori ddyfod allan o'r stori ei hun, ac nid, megis yn y *Medea*, drwy'r *Deus ex Machina;* felly hefyd y digwyddiadau ynghylch y Groegiaid yn myned ymaith yn yr *Iliad*.' (1454 a-b). Gweler nodiadau 46 a 47. Nid *Deus ex Machina* (Y Duw o'r Peiriant) a gyflëir yn llythrennol yn y Roeg, ond yn unig ' drwy'r peiriant' (*mêchanê*).

Eir ymlaen i ddweud wedyn y dylid defnyddio'r ddyfais hon 'ar gyfer digwyddiadau y tu allan i'r ddrama, naill ai y rhai a fu cyn y ddrama ac na allai dyn eu gwybod, neu'r rhai sy'n dod wedi hynny ac sy'n gofyn am eu rhaghysbysu neu eu cyhoeddi.'

Drwy gyfrwng y 'peiriant' — rhyw fath o graen uchel — gellid dynodi ymddangosiad y duwiau o'r nefoedd. 'Roedd 'cerbyd yr haul' yn y *Medea* yn cael ei gludo, yn ôl pob tebyg, ar y peiriant. Mae Aristoteles yn derbyn y confensiwn ar yr amod bod y defnydd yn addas; ac iddo ef nid defnydd addas ydoedd 'datrys y stori' drwyddo, ond yn hytrach gyhoeddi digwyddiadau blaenorol neu ddyfodol. Gallai duwiau ymddangos drwy'r peiriant yn y prolog neu ar ddiwedd y ddrama, a'r demtasiwn oedd defnyddio'r ymddangosiad olaf fel cyfrwng i ddatrys y stori.

Hwyrach fod yr arfer anffodus yma wedi mynd ar gynnydd erbyn amser Aristoteles. Dywed Platon:

> Bydd y trasiedïwyr, pan fyddant mewn anhawster, yn troi at y peiriannau ac yn codi'r duwiau i'r awyr.
>
> (*Cratulos*, 425 D)

Hefyd mae Antiphanes, awdur comedïau, yn wfftio'r trasiedïwyr am geisio ffyrdd hawdd allan o'u problemau storïol, 'oherwydd pan na fydd ganddynt ddim pellach i'w ddweud . . ., byddant yn codi'r peiriant mor hawdd â chodi'u bys bach'. (fr. 191). Ond mae cyngor Horas, y bardd Lladin, i'r trasiedïwr braidd yn wahanol i osodiad Aristoteles. Dywed ef na ddylai'r *deus ex machina* ymyrryd oni bai bod cwlwm yn ymddangos sy'n teilyngu gwaredwr:

> Nec deus intersit, nisi dignus vindice nodus
> Inciderit.
>
> (*Ars Poetica*, 191-2)

Prin bod hyn yn atgof cymysglyd o honiad Aristoteles, fel y dywed Bywater; mae'n honiad eithaf gwahanol. Cymharer sylwadau C. O. Brink, *Horace on Poetry* (Caergrawnt, 1963), 114.

Nid yw cerbyd yr haul yn y *Medea* yn datrys y stori mewn ystyr gyflawn, ond galluoga Medea, gyda'i phlant a laddodd, i ddianc rhag dial Jason ei gŵr. Mewn trasiedi arall gan Ewripides, sef *Orestes,* mae ymddangosiad Apol'lon ar y diwedd yn rhoi pen ar sefyllfa bur anodd — dyma ddatrys llwyr ar gwlwm y stori. Gellir dweud peth tebyg am *Philoctetes* Sophocles. Mae cryn ddylanwad gan ymddangosiad y duwiau hefyd yn *Iphigeneia in Tauris* a *Heracles,* dwy ddrama gan Ewripides. Ond yn amlach na hyn ceir y duwiau yn rhagfynegi'r dyfodol ac yn cyfrannu i awyrgylch o dangnefedd wedi terfysg a braw.

8. *Cymeriad*

Y gair Groeg a drosir fel 'cymeriad' yw *êthos,* a'r cyfeiriad cyntaf ato yw dechreuad yr ail bennod:

> Gan fod y sawl sy'n efelychu yn efelychu dynion yn gweithredu a bod yn rhaid i'r gweithredwyr hyn fod yn aruchel neu yn wael (oherwydd y mae cymeriad yn ymateb bron yn wastad i'r disgrifiad hwn yn unig, am mai mewn drwg a da y bydd dynion oll yn gwahaniaethu yn eu cymeriad), yna y mae'n rhaid eu hefelychu naill ai yn well na'r rhelyw o ddynion, neu yr un fath.
>
> (2, 1448 a)

Yma mae'r geiriau 'aruchel' a 'gwael' yn cynnwys arlliw o statws mewn cymdeithas (gweler nodyn 3 ar ôl y testun) — rhywbeth fel 'pwysig' a 'dibwys'. Yn Gymraeg mae'r gair 'bonheddig' yn cynnwys cyfuniad tebyg, sef tarddiad mewn dosbarth cymdeithasol gyda dynodiad moesol. Ac yn wir mae rhai esbonwyr (fel Gudeman, Bignami, Else) am ddileu o'r *Farddoneg* bob awgrym o foeseg yn y dehongliad cyffredinol o gymeriad. Tipyn o gamp yw gwneud hynny gyda'r paragraff uchod. Ceisiodd Else ei esbonio felly, gan ddileu un frawddeg o'r testun. Atebwyd ef yn effeithiol gan E. Schütrumpf, *Die Bedeutung des Wortes ēthos in der Poetik des Aristoteles* (München, 1970), 49 yml. I Else a'i debyg, fel arfer, moesegwr brwd yw Platon, ond aisthetig-ydd pur yw Aristoteles.

Pan fyddwn ni'n defnyddio'r gair 'cymeriad', nid yn unig yn nhermau da a drwg y byddwn ni'n meddwl. Soniwn

am ' gymeriad cryf ' neu ' gymeriad gwan ', ac yma meddwl
y byddwn am nerth neu wendid personoliaeth, i ba gyfeiriad
moesol bynnag y bydd y nodweddion hyn yn arwain.
Ymhellach fe soniwn am dymheredd dynion : mae rhai yn
wyllt a brwd, eraill yn hunan-feddiannol a thawel eu bryd.
Yma eto nid cwestiwn moesol sy bennaf yn ein meddwl.
Wrth ddefnyddio'r gair *êthos* yn y *Farddoneg* a hefyd yn
ei weithiau eraill, mae Aristoteles yn amrywio'r pwyslais yn
yr un modd.

Yn ôl y chweched bennod (1450 a) mae cymeriadau yn
ffurfio un o'r chwe rhan sy'n perthyn i bob trasiedi. Yn nes
ymlaen yn y bennod (1450 b) rhoir pwys ar y dehongliad
moesegol o gymeriad :

> Cymeriad yw'r peth hwnnw sy'n dangos natur y
> dewisiad moesol — felly, nid yw'r ymddiddan yn
> mynegi cymeriad pan na bo'r siaradwr yn ceisio nac yn
> osgoi dim yn y byd.

(6, 1450 b)

Tebyg yw'r pwyslais ar ddechrau'r bymthegfed bennod pan
ddywedir y ' bydd y ddrama yn cynnwys cymeriad os bydd
sgwrs neu ddigwydd yn gwneud dewisiad moesol yn
amlwg, o ba natur bynnag, a chymeriad da os bydd y
dewisiad yn dda ' (1454 a). Yn y ddau ddarn yma *proairesis*
yn unig sydd yn y Roeg; cyfieithir ef yn ' ddewisiad
moesol '. *Chrêstos* yw'r gair a ddefnyddir fel ansoddair yn
' cymeriad da ' a ' dewisiad da '. Dywed yr Holandwr W. J.
Verdenius yn *Mnemosyne* 12 (1945), 245, fod yr enghreifftiau
hyn yn tanseilio'r gred bod Aristoteles yn ei aistheteg yn
cau allan bob safbwynt moesol.

Cymharer y sylwadau tebyg a ganlyn :

> Efelychiad, felly, yw Trasiedi o ddigwydd aruchel a
> chyflawn.

(6, 1449 b)

> Ynglŷn â chymeriad y mae pedwar peth y dylid
> anelu atynt. Yn gyntaf ac yn bwysicaf, dylai fod yn
> dda. (*chrêstos* yw'r gair).

(15, 1454 a)

Sylwer mai'r un gair (*spoudaios*) a ddefnyddir wrth ddis-grifio'r digwydd yn y chweched bennod ag a geir yn yr ail bennod (1448 a) i ddynodi'r teip cyntaf o gymeriadau ('rhaid i'r gweithredwyr hyn fod yn aruchel neu yn wael'). Nid damweiniol yw bod cymhwyso'r un ansoddair at y digwydd a'r cymeriadau, oherwydd pwynt pwysig gan Aristoteles yw mai'r digwydd mewn trasiedi sy'n datguddio cymeriad.

Mae cysylltiad hefyd rhwng daioni cymeriad â'r egwyddor bod Trasiedi yn medru cyffroi teimladau arbennig a chynhyrchu'r pleser sy'n nodweddiadol o'r ffurf. Cydym-deimlad a thosturi yw'r ymateb amlycaf, ac amhosibl yw cydymdeimlo â chymeriad sy'n amddifad o ddaioni. Wrth drafod y posibiliadau amrywiol yn y drydedd bennod ar ddeg, dangosir bod cwymp y dyn cwbl ddrwg yn methu oherwydd hyn :

> Ni ddylid drachefn arddangos y cwbl ddrygionus yn syrthio o ddedwyddwch i drueni. Byddai cynllun o'r fath yn bodloni'r teimlad dynol, ond ni byddai'n deffro na thosturi nac ofn; oherwydd deffroir tosturi pan ddaw trueni i rywun nas haeddodd, ac ofn pan ddaw trueni i rywun tebyg i ni.

(13, 1453 a)

'Rhywun tebyg i ni': ail-adroddir yr ymadrodd yn y frawddeg ddilynol; a hawdd gweld mai dyma ddechreuad cydymdeimlad.

Mae'r Almaenwr Eckart Schütrumpf[7] wedi neilltuo llyfr cyfan i astudio ystyr *êthos* yn y *Farddoneg*, ac mae'n dechrau gyda dros ddeugain tudalen ar yr ystyr sydd i'r gair yn y gweithiau eraill. Dengys fod yr ansoddair *êthikos*, er ei gyfieithu'n aml fel 'moesol', yn dwyn ystyr ehangach; a bod *êthos* hefyd, er ei fod yn cynnwys nodweddion moesol neu anfoesol, yn cyfeirio at 'gymeriad' mewn ffordd letach — yn union fel y gair 'Charakter' yn Almaeneg a'r gair 'cymeriad' yn Gymraeg.

[7] *Die Bedeutung des Wortes ēthos in der Poetik des Aristoteles* (München, 1970). Gweler hefyd adolygiad B. R. Rees yn *The Classical Review* 23 (1973), 50-52.

I Aristoteles, yn sicr, y mae ystyriaethau heblaw y rhai moesol. Ail hanfod cymeriad yw bod yn 'addas', a'r enghraifft a roir yma yw bod modd i wraig fod yn wrol, 'ond nid addas i wraig yw bod yn ddewr fel gŵr, nac yn alluog' (15, 1454 a). Wrth reswm, mae'r holl sylwadau am wragedd yn adlewyrchu i fesur eu hisraddoldeb yng nghymdeithas Athen.

Y trydydd hanfod yw bod 'rhaid i gymeriad fod yn debyg i'r gwirionedd gwreiddiol', lle cyfeirir, fe ymddengys, at y cymeriad a draddodwyd drwy gyfrwng y chwedl a ddefnyddir. 'Tebyg' yn unig a geir yma yn y Roeg; a cheir yr un gair mewn cyfeiriad cynharach at gymeriad, wrth sôn am waith arlunwyr:

> Felly y gwna'r arlunwyr. Portreadodd Polugnotos ddynion yn rhagorach na'r cyffredin, Pawson yn waeth, a Dionusios yr un fath.
>
> (2, 1448 a)

Caniateir yr un amrywiaeth yn y fan honno i ymdriniaeth beirdd, a byddai mymryn o anghysondeb yn dod i'r golwg gyda'r dehongliad hwn. Mae Rostagni a Butcher am gymryd 'tebyg' ym mhennod 15 fel 'naturiol', h.y., 'tebyg i fywyd', neu yn hoff ymadrodd Wil Bryan, *true to nature*. Ond yn nes ymlaen ym mhennod 15 mae Aristoteles yn dychwelyd at y syniad o debygrwydd i'r gwirionedd gwreiddiol, gan ochri yr un pryd gyda'r rhai sy'n delfrydu ychydig ar y gwirionedd hwnnw.

> Gan fod Trasiedi yn efelychiad o bersonau gwell na'r cyffredin, dylid efelychu'r arlunwyr sy'n medru portreadu dynion yn dda. Byddant hwy yn adgynhyrchu'r ffurf neilltuol sydd yn y gwreiddiol, gan ei wneuthur yn debyg i'r gwirionedd, ond yn harddach. Felly hefyd dylai'r bardd, wrth efelychu'r digllon neu'r diog, neu rai sy'n ddiffygiol yn eu cymeriad mewn pethau eraill, eu portreadu fel hyn, ond eu harddu.
>
> (15, 1454 b)

Y pedwerydd hanfod yw cysondeb. Os yw cymeriad yn anghyson, 'rhaid iddo fod yn gyson o anghyson'.

Mae gan y Prifathro B. R. Rees drafodaeth werthfawr yn ei ysgrif 'Plot, Character and Thought' yn *Le Monde Grec: Hommages à Claire Préaux* (Bruxelles, 1975), 188-196. Mae'n cymeradwyo (t. 192) cyfieithiad Humphry House o'r ymadrodd yn 1450 a, sef 'the construction of the actions', gan ei fod yn arwyddo pwysigrwydd y llunio gan yr awdur. Wrth drafod arwyddocâd cymeriad i Aristoteles, mae'n rhoi pwys ar ei ddywediadau mewn gweithiau eraill, yn enwedig yr *Ethica Nicomachea*, lle sonnir hefyd am y 'dewis bwriadol' (*proairesis*) a wneir gan gymeriad. Yn yr un modd dengys fod tuedd i esgeuluso rhan y 'Meddwl' wrth esbonio'r *Farddoneg*, a hynny am fod Aristoteles yn trafod hyn yn fanylach yn ei *Reitheg*; oherwydd drwy'r 'Meddwl' y bydd cymeriadau yn mynegi eu hagwedd mewn geiriau. Dywed y Dr. Rees am Aristoteles: 'his ethical theory is one in which action, character and their expression are inextricably joined' (t. 196).

Yn y cyswllt hwn, yn neilltuol y prif bwyslais ar saernïaeth y digwyddiadau, mae gan y Dr. R. M. Jones, yn ei lyfr *Tafod y Llenor*, 118 n. 2, ddyfyniad diddorol o ysgrif gan Mr. Saunders Lewis:

> I think he (Aristotle) was right and most percipient to put plot first . . . It is the exploration of the plot that contributes most to the shaping of the tragic hero . . . You don't put living characters into a play. You start your plot with mere ciphers or ghosts. You fasten words to them while you fasten them into a plot. Then, if your words have life, they may emerge from the plot living characters.

Dyfynnir o ysgrif Mr. Lewis ar 'The Poet' yn *The Arts, Artists and Thinkers*, gol. J. M. Todd (Llundain, 1958).

9. Hamartia: *Diffyg*

Mewn un bennod yn unig y sonnir am y 'diffyg' (*hamartia*) sy'n peri symudiad y prif gymeriad o ddedwyddwch i drueni; o leiaf dyma'r unig fan lle defnyddir y gair *hamartia* am y peth. Ar ôl condemnio dau gynllun eithafol o ddatblygiad mewn cymeriad, dywedir hyn:

Y mae'n aros y cymeriad rhwng yr eithafion hyn: y dyn sydd heb fod yn rhagori'n amlwg mewn rhinwedd a chyfiawnder, ond sy'n ymsymud i drueni nid oherwydd drwg neu bechadurusrwydd, eithr oherwydd rhyw ddiffyg.

(13, 1453 a)

Mae'r pwyslais yn 'nid oherwydd drwg neu bechadurus-rwydd' yn awgrymu mai gwall mewn gwybodaeth yn hytrach na gwendid moesol yw natur y diffyg (*hamartia*). Ar y llaw arall, condemnir cyn hynny fath ar ddatblygiad sy'n gosod dyn rhinweddol yn ganolbwynt y digwydd:

Mae'n eglur felly yn y lle cyntaf na ddylid arddangos dynion rhinweddol yn ymsymud o ddedwyddwch i drueni, oherwydd nid yw hyn yn deffro ofn na thosturi, ond ffieidd-dod yn unig.

(13, 1452 b)

Nid yw'r cwbl rinweddol na'r cwbl ddrygionus yn dder-byniol fel y cymeriad canolog. Rhywbeth yn y canol sydd eisiau; a disgrifir y math hwn fel un 'sydd heb fod rhagori'n amlwg mewn rhinwedd a cyfiawnder'. Mae'n bosibl, felly, fod 'nid oherwydd drwg neu bechadurusrwydd' yn gadael y drws yn agored i ddehongli *hamartia* fel diffyg moesol sydd heb fod yn rhy amlwg ac amrwd ei natur.

Bu dadlau hir a brwd ar y mater hwn, ac yn ddiweddar mae'r Holandwr J. M. Bremer[8] wedi neilltuo llyfr cyfan a thrylwyr i drafod y pwnc. Mae'n dangos bod y gair *hamartia* yn tarddu o wreiddyn sy'n golygu 'methu'r nod', ac ar ôl astudio'r ffordd y defnyddir y gair gan nifer mawr o awduron heblaw Aristoteles ei hun, daw i'r casgliad (t. 63) mai'r ystyr yma yw 'tragic error', h.y., gweithred anghywir a gyflawnir mewn anwybodaeth o'i natur a'i heffaith. Felly, nid gwendid moesol, yn ôl y ddadl hon, yw *hamartia,* ond diffyg sy'n codi o gamgymeriad neu wall neu anwybodaeth.

Ond yn ei gyd-destun mae'r gair yn Aristoteles yn medru dynodi gwendid moesol nad yw'n eithafol, er nad yw'r

---

[8] *Hamartia.* Tragic Error in the *Poetics* of Aristotle and in Greek Tragedy. (Amsterdam, 1969).

enghreifftiau posibl yn ei hoff ddramâu (yn arbennig *Oidipws Frenin*) yn datguddio *hamartia* yn yr un ystyr. Anwybodaeth, efallai, yw craidd *hamartia* Oidipws yn y ddrama hon. Rhaid wynebu'r posibilrwydd fod y gair yn medru cynnwys y ddwy ystyr. Dywed J. M. Bremer (t. 97) fod dau fur o fwg rhyngom a deall ystyr y gair yn Aristoteles, sef Stoïciaeth a Christnogaeth, y ddau yn llawdrwm ar ffaeleddau moesol dynion, a Christnogaeth, at hynny, yn pwysleisio drygioni dyn yng ngoleuni'r Cwymp. Ar ddiwedd y Dadeni bu ysgolheigion a etifeddodd y pwyslais Cristnogol yn defnyddio'r syniad am bechod wrth ddehongli Aristoteles. Yr ensyniad rhyfedd y tu ôl i'r ddadl hon yw bod y byd Groegaidd yn amddifad o unrhyw ddehongli ar linellau moesol. Y gwrthwyneb sy'n wir. At ei gilydd mae trasiedïau'r Groegiaid yn drwm iawn dan ddylanwad syniadau moesol a chrefyddol, yn arbennig y syniad bod balchder haerllug dyn (*hubris*) yn dwyn *nemesis* y duwiau arno, a'r syniad bod cyfiawnder Zews yn goruwchlywodraethu.[9]

Pan ddychwelir yn y drydedd bennod ar ddeg i grybwyll yr un mater, cysylltir yr *hamartia* â'r math unplyg o stori ac â'r symudiad o ddedwyddwch i drueni:

Rhaid felly i'r stori dda fod yn unplyg yn hytrach nag yn ddyblyg fel y dywed rhai, a dylai'r newid fod, nid o drueni i ddedwyddwch, ond fel arall, o ddedwyddwch i drueni, nid oherwydd drygioni ond oherwydd rhyw ddiffyg mawr mewn cymeriad tebyg i'r hwn a amlinellwyd gennym, neu yn well na hyn yn hytrach nag yn waeth. Profir hyn gan arfer y llwyfan ei hun. Yn y dechrau ail-adroddai'r beirdd unrhyw stori a ddeuai i'w meddwl; ond yn awr sylfaenir y trasiedïau gorau ar hanes ychydig deuluoedd, megis yr hanesion am Alcmëon ac Oidipws ac Orestes a Meleagros a Thuestes a Telephos a chynifer eraill ag y darfu iddynt ddioddef neu wneuthur pethau erchyll.

(13, 1453 a)

[9] Gweler Hugh Lloyd-Jones, *The Justice of Zeus* (Berkeley, 1971), 58 ac 88.

Y cymeriad a amlinellwyd eisoes yw'r un sy'n mwynhau enwogrwydd a dedwyddwch; nid yw'n rhagori'n amlwg mewn rhinwedd a chyfiawnder; ac yn awr dywedir mai yn well, os rhywbeth, na'r safon hon y dylai fod, ac eto bod 'rhyw ddiffyg mawr' yn peri ei symudiad i drueni. Mae'r cyferbyniad yma yn awgrymu i amryw mai 'gwall mawr' neu 'gamgymeriad mawr' a olygir, rhywbeth yn codi o ddiffyg barn neu anwybodaeth yn hytrach nag o wendid neu ddrygedd moesol.

Enwir Oidipws a Thuestes yn fuan ar ôl y ddau grybwyll-iad. Bydd rhai yn dadlau am Oidipws fod rhywbeth heblaw anwybodaeth yn ei lesteirio; mae ynddo beth diffyg amynedd, ac yn sicr elfen o falchder a haerllugrwydd. Yn ôl E. R. Dodds mae'r ddrama hon i raddau yn wrth-grefyddol yn yr ystyr ei bod yn awgrymu am y duwiau eu bod yn anghyfiawn.[10] Ond dadleuodd Hugh Lloyd-Jones[11] yn gryf yn erbyn hyn, gan bwysleisio bod Oidipws wedi ymosod ar y proffwyd Tiresias a bod y Côr wedi hynny yn gweddïo am santeiddrwydd ac yn rhybuddio yn erbyn *hubris*. Iddo ef craidd y drasiedi yw'r felltith sy'n gorwedd ar deulu Laïos; ac oherwydd y felltith hon mae Oidipws yntau yn agored i deimladrwydd di-reol sy'n peri cyflafan. Disgrifia Euros Bowen[12] Oidipws fel gŵr sydd, *inter alia*, yn 'hunan-bwysig ac ar dro'n fyrbwyll'; mae ef yn trosi *hamartia* fel 'gwall'.

Yn achos Thuestes nid oes gennym ddrama Roeg yn trin ei hanes, er bod y chwedl ar gael. Bu cweryl rhwng Thuestes a'i frawd, Atrews, parthed gorsedd Argos, a pharodd Atrews i'w frawd wledda, mewn anwybodaeth, ar gnawd ei blant ei hun; hefyd, heb yn wybod iddo, bu Thuestes mewn cyfathrach rywiol â'i ferch ei hun, Pelopia, a chenhedlu mab felly. Gan hynny, mae trychineb Thuestes wrth gyflawni dwy weithred erchyll yn codi o anwybodaeth bur: nid oes

[10] E. R. Dodds, *The Ancient Concept of Progress* (Rhydychen, 1973, mewn ysgrif a gyhoeddwyd gyntaf ym 1966), 74 yml.; dilynir dehongliad Dodds gan Ceri Davies mewn ysgrif werthfawr yn *Y Traethodydd* 128 (1973), 169-76.

[11] *The Justice of Zeus* (1971), 109-111.

[12] *Oidipos Frenin* (1972), xi.

ronyn o fai yn syrthio arno, fel y dadleuodd Dodds[13] yn bendant iawn. Ond dywed un ffurf ar y chwedl nad mewn anwybodaeth y gorweddodd gyda'i ferch.[14] Ac mae manylion eraill yn y chwedl yn sôn am droseddau a gyflawnodd Thuestes yn ymwybodol; hudodd wraig ei frawd a'i chipio oddi wrtho; hefyd bu iddo ddwyn yr 'oen aur' a oedd yn eiddo i Atrews; oherwydd y gweithredoedd hyn y parodd Atrews iddo fwyta cnawd ei blant ei hun. Gan nad oes gennym ddrama Roeg yn trafod y thema,[15] mae'n amhosibl gwybod sut y dehonglwyd *hamartia* gan Aristoteles yn y cyswllt hwn.

Os dychwelwn am ennyd at y defnydd cyffredinol a wneir o'r gair (a geiriau cytras), daw'n eglur fod tair ystyr yn amlwg:

(1) methu'r nod, neu bod yn amddifad o rywbeth;
(2) cyfeiliorni; naill ai drwy fod mewn anwybodaeth neu drwy wneud amryfusedd neu gamgymeriad;
(3) torri'r gyfraith neu weithredu'n anfoesol.

Dyma'r ystyron a olrheiniodd J. M. Bremer yn ei lyfr *Hamartia* (tt. 30 yml.) drwy lenyddiaeth y Groegiaid hyd at y bedwaredd ganrif cyn Crist, sef canrif Aristoteles. Er ei fod yn dadlau'n gryf mai'r ail ystyr a geir yn y *Farddoneg*, mae'n addef (t. 60) fod symudiad tuag at y drydedd ystyr o drosedd moesol yn digwydd yn gyson — yn wir mai Aristoteles yw'r 'eithriad syn'. Ffaith bwysig yw bod y trasiedïwyr yn aml yn defnyddio'r geiriau o'r gwreiddyn *hamart* — yn y drydedd ystyr. Aischulos yw'r awdur cyntaf i arfer y gair *hamartia*; gwna hynny bedair gwaith, a bob tro gyda'r ystyr o 'drosedd' neu 'anfadwaith'.

Y tu allan i'r *Farddoneg* mae arfer Aristoteles yn tueddu ar y cyfan at yr ail ystyr o gyfeiliornad neu gamgymeriad. Yn ei *Ethica Nicomachea*, 1106 b, mae'n trafod y syniad o *aretê*, 'rhinwedd', sy'n honni mai 'cyflwr canol ydyw sy'n taro'r nod canol'. Yn yr eithafion ar y ddwy ochr y mae'r

[13] op. cit., 67.
[14] Gweler esboniad Else, 395-6.
[15] Mae gennym ddrama Ladin Seneca ar y testun, ond ni wyddys ei ffynhonnell.

bobl sy'n ymdaflu i ormodedd neu annigonedd, ond nid
pobl ddrwg mohonynt, meddir, na drwg-weithredwyr,
eithr rhai sy wedi methu taro'r nod (1125 a 19). Mae'r
athroniaeth am y canol, gyda llaw, wedi dylanwadu ar ffurf
y diffiniad o brif gymeriad trasiedi, gan mai 'cymeriad
rhwng eithafion yw'; eto nid y canol delfrydol, sylwer, sydd
yma gan nad yw'r gŵr hwn yn 'rhagori'n amlwg mewn
rhinwedd a chyfiawnder'. Mae Else felly'n gywir wrth sôn
(t. 377) am 'the temptation to equate Aristotle's ideal hero
with the ethical Mean, which has nothing whatever to do
with the case'; ond mae'n anghywir wrth gyfeirio at
Gudeman fel un sy'n coleddu'r gyfystyriaeth: y cyfan a wna
Gudeman (t. 241) yw sôn am y peth fel 'die dramatische
mesotês-Lehre des A.' Tebygrwydd ymadrodd yn unig sydd.

Yn yr *Ethica Nicomachea* mae Aristoteles weithiau yn
defnyddio'r gair *hamartêma,* a'r unig wahaniaeth rhwng
hwn a *hamartia* yw bod y cyntaf yn dynodi gweithred a'r
ail yn dynodi cyflwr. Gwahaniaethir hefyd rhwng
'anffawd' (*atuchêma*) a 'chamgymeriad' (*hamartêma*):

> Pan ddigwydd niwed, felly, yn groes i'r disgwyl
> rhesymol, anffawd (*atuchêma*) yw; pan ddigwydd yn
> unol â'r disgwyl rhesymol, ond heb fwriad drwg, cam-
> gymeriad (*hamartêma*) yw (oherwydd bydd dyn yn
> gwneud camgymeriad pan fo gwreiddyn yr achos
> ynddo'i hun, ond bydd yn profi anffawd pan fydd yr
> achos y tu allan iddo'i hun).
>
> (*Eth. Nic.* 1135 b 17-20)

Mae *hamartêma* felly yn dwyn cyfrifoldeb, er nad yw yn
ddrygioni amlwg; dywedir yn y *Rheitheg* (1374 b 5): 'Ni
ddylid cyfrif camgymeriadau (*hamartêmata*) a throseddau
yn gyfystyr'. Mae'r camgymeriad sy'n deillio o anwybodaeth
yn rhywbeth, yn ôl Aristoteles, ac yn wir yn ôl amryw o'r
Groegiaid, sydd i'w feio. Mae'r gosodiad a ganlyn yn glir:

> Eto mae pob dyn drwg yn anwybodus am yr hyn a
> ddylai ei wneud neu ei adael heb ei wneud, a thrwy'r
> fath gyfeiliornad (*hamartia*) y bydd dynion yn mynd
> yn anghyfiawn ac yn gwbl ddrwg.
>
> (*Eth. Nic.* 1110 b 28-30)

Deuoliaeth fodern yw'r un sy'n gwahanu gallu meddyliol a chymeriad moesol. Os yw *hamartia* yn ôl Aristoteles yn wendid mewn barn a gwelediad, ni olyga hyn nad yw hefyd yn wendid moesol; mae'r ddwy elfen yn rhan o undod y bersonoliaeth. Gall y gwall neu'r gwendid neu'r diffyg fod felly yn feddyliol ac yn foesol.[16]

Eto mae'r adran o'r Foeseg Nicomacheaidd a ddyfynnwyd gennym ddiwethaf yn arwain at osodiad sy'n sôn am anwybodaeth sy'n codi nid parthed dewisiad moesol ond parthed amgylchiadau a'u heffeithiau mewn sefyllfa arbennig; pan ddigwydd rhywbeth oherwydd yr anwybodaeth yma, meddir, rhaid cymryd trueni (*eleos*, a drosir gennym fel 'tosturi' yn y *Farddoneg*) a bod yn barod i faddau. Gwna hyn inni feddwl am y frawddeg (13, 1453 a) sy'n dweud y 'bydd tosturi ynglŷn â rhywun na haeddodd ddrwg'; a chyn hynny dywedir y 'deffroir tosturi pan ddaw trueni i rywun nas haeddodd'. Beth bynnag yw'r gwendid neu'r diffyg neu'r gwall, felly, ac er y gall fod yn 'fawr', nid yw'n cyfateb yn y glorian foesol i fawredd y gyflafan a achosir ganddo.

Yn y seithfed bennod mae Aristoteles yn pwysleisio'r elfen o achos ac effaith mewn Trasiedi; rhaid i'r canol a'r diwedd ddilyn yn naturiol o'r dechreuad; ac ar ddiwedd y bennod dywed y bydd y newid yn digwydd 'yn unol â rheol tebygolrwydd neu reidrwydd'. Yn y nawfed bennod dengys fel y mae'r egwyddor hon yn ymwneud â chymeriadau; a cheir yr un pwyslais ar ddiwedd y ddegfed bennod, lle mae'n sôn am y Darganfyddiad a'r Gwrthdro:

Rhaid i'r elfennau hyn godi o saernïaeth fewnol y stori, fel y bydd popeth sy'n digwydd yn dilyn o reidrwydd

[16] Gweler Grube, *The Greek and Roman Critics*, 79-80. Mae D. W. Lucas (t. 301) yn traethu'n dda ar y mater hwn, ond nid yw'n dilyn yr ymresymiad i'r pen. Ceir ganddo un anghysondeb amlwg. Dywed ar d. 301: 'As in other writers, the normal meaning is "mistake"'; ond ar d. 306-7 sonia am 'its wider and perfectly normal sense of moral fault'. Cymharer sylw Hugh Lloyd-Jones, *The Justice of Zeus*, 212: '*Hamartia*: Mistake, crime; it is often hard to distinguish between these two senses.' Sôn am y defnydd cyffredinol o'r gair y mae yma; ar d. 104 ymddengys ei fod yn derbyn y dehongliad 'mistake' yn y *Farddoneg*.

neu debygolrwydd yr hyn a ddigwyddodd cyn hynny. Canys mae cryn wahaniaeth rhwng bod peth yn digwydd *oherwydd* rhywbeth arall a'i fod yn digwydd ar ôl y peth hwnnw.

(10, 1452 a)

Yn wyneb hyn, ac yn wyneb y ddysg mai *hamartia'*r prif gymeriad sy'n peri'r newid sylfaenol yn y ddrama, mae amddifadu'r gair o bob arlliw moesol, fel y mae J. M. Bremer ac eraill am ei wneud, yn tanseilio egwyddor achos ac effaith. Mae gan Bremer syniad arall y dylid ei wrthod, er nad yw hyn mor bwysig, sef mai gweithred yw *hamartia* ac nid cyflwr neu nodwedd. I fod yn gyson â gweddill yr ymdriniaeth, rhaid i'r *hamartia* fod yn rhan o'r prif gymeriad. Onide, ni fydd yn ddim amgenach nag *atuchêma*, ' anffawd '.

Rhan o'r broblem, efallai, yw bod gwerthoedd Aristoteles braidd yn wahanol i eiddo'r bumed ganrif, sef y ganrif a greodd y trasiedïau mawr. Dyma ddadl Arthur Adkins yn ei ysgrif ' Aristotle and the Best Kind of Tragedy ' (*Classical Quarterly* 16 (1966), 78-102); a'i gred ef yw mai ' mistake of fact ' yw ystyr *hamartia* yn y *Farddoneg*. Fel y gwelsom, nid dyna'i ystyr fel rheol yn y trasiedïau.

O esbonio'r gair fel ' camgymeriad ', yn deillio yn unig o anwybodaeth am ffeithiau ac yn esgusodi'r person o unrhyw gyfrifoldeb, daw anghysondeb arall i'r golwg. Ar ddechrau'r drydedd bennod ar ddeg, lle'n unig y trafodir *hamartia*, dywedir:

Mae'n eglur felly yn y lle cyntaf na ddylid arddangos dynion rhinweddol yn ymsymud o ddedwyddwch i drueni, oherwydd nid yw hyn yn deffro ofn na thosturi, ond ffieidd-dod yn unig.

(13, 1452 b)

Gweler ein sylwadau ar ddechrau'r adran hon. Yn awr, os nad ' dynion rhinweddol ' yw'r cymeriadau canolog, rhaid bod rhyw fai arnynt, a naturiol yw ei leoli yn yr *hamartia*, er nad yw'r bai yn haeddu'r dinistr sy'n dilyn. Mae Bremer yn cydnabod yr anhawster hwn, a'i duedd yw dilyn esboniad Finsler, sef mai dylanwad moeseg Platon sydd yma, ac mai pwl o anghysondeb ysbeidiol yw.[17] Mae'n dadlau bod cyfeiriadau eraill hefyd yn gwrthddweud hyn: sonnir am weithredwyr 'aruchel' fel rhai'n gweddu i Drasiedi, yn yr ail a'r drydedd bennod, ac yn y bumed bennod (1449 b) sonnir am 'weithredoedd aruchel' Epig a Thrasiedi. *Spoudaios* yw'r gair yn y mannau hyn, ac ni fyddai'n anodd ei gysoni ag agoriad Pennod 13. Ond yn 15, 1454 b, sonnir am ddynion diffygiol eu cymeriad mewn Trasiedi, a dywedir y dylid eu portreadu felly, 'ond eu harddu'. *Epieikês* yw'r gair yma, sef yr un gair â'r un a drosir fel 'rhinweddol' ar ddechrau Pennod 13. Mae yma felly fymryn o anghysondeb. Eto mae'r pwyslais ar ddechrau Pennod 13 yn perthyn i'r drafodaeth ar *hamartia* ac mae'n hollol glir. Hefyd fe'i ceir, sylwer, yn yr union frawddeg sy'n crybwyll *hamartia* gyntaf — 'y dyn sydd heb fod yn rhagori'n amlwg mewn rhinwedd a chyfiawnder'.

Fwy nag unwaith yn ystod Pennod 13 sonnir am y math gorau ar drasiedi; ac mae o bosibl yn dilyn na ellir disgwyl gweld *hamartia* ar waith ym mhob trasiedi. Ymhellach, os yw *hamartia* yn gorwedd mewn anwybodaeth o ryw fath, sydd er hynny'n adlewyrchu diffyg mewn cymeriad (nid yw'n gyfystyr ag anwybodaeth, oherwydd *agnoia* yw gair Aristoteles am hynny), mae'n amlwg y gall fod cysylltiad rhyngddo a'r Darganfyddiad sy'n dwyn goleuni ar y tywyllwch a fu. Hwyrach mai at y cysylltiad hwn y mae Pennar Davies[18] yn cyfeirio wrth ddweud, 'A gwell gennyf sôn nid am y Nam Trasig ond am y Cwlwm Trasig, y cwlwm rhwng dyn a dinistr'. Mae ef yn crynhoi syniad Aristoteles am y gair drwy sôn am 'ystyron tebyg i "fethiant", "gwyriad", "camsyniad", "diffyg", "coll", rhyw fethu â chyrraedd y nôd'. Credaf fod hyn yn gywir, ac mae Pennod 13 yn egluro nad yw'n gyfystyr â drygioni neu bechod. Daw problem wedyn o gymhwyso'r gair at drasiedi yn

---

[17] Bremer, tt. 14-15: 'In this passage for a short moment Aristotle falls victim to the popular need for poetic justice, which he rejects in the rest of this chapter . . .'
[18] *Barn* 137 (Mawrth, 1974), 223.

gyffredinol, os cywir yn wir yw ceisio gwneud hynny; fel
y dywed Pennar Davies yn yr un ysgrif, 'Nid oes le yng
nghwmni'r arwyr trasig — os derbyniwn ei reol ef — i na
Medea na Macbeth na neb arall a fo'n mentro i eithafion
brad a chreulondeb'. Gellid ateb, efallai, drwy awgrymu
nad yw Medea na Macbeth yn *dechrau* fel hyn; yn unig wedi
i'w gwendid allweddol ddwyn dinistr ar ei ôl y gellir eu
disgrifio mewn termau eithafol.

Cafwyd ymdriniaeth olau gan T. C. W. Stinton yn *The
Classical Quarterly* 25 (1975), 221-254 ('*Hamartia* in
Aristotle and Greek Tragedy'). Dywed ar y dechrau (t. 221):

> I shall try to show that the word has a range of
> applications, from 'ignorance of fact' at one end to
> 'moral defect', 'moral error', at the other . . .

Credaf yn sicr iddo lwyddo yn ei ymgais.

10. *Teimladau: Tosturi ac Ofn*

Mater o ddiddordeb arbennig i Aristoteles oedd y
teimladau a gyffroir gan Drasiedi. Byddwn yn clywed
weithiau am bobl yn 'wylo fel y glaw' wrth weld ambell
drasiedi neu ffilm. Mae T. Hudson-Williams[19] yn sôn am
ferch yn dweud, ar ôl bod mewn theatr yn Llundain,
''Chefais i erioed y fath bleser; yr oeddwn yn crïo yr holl
amser.' 'Roedd rhywbeth tebyg i hynny yn digwydd
weithiau yn y dyddiau gynt yng Nghymru, gellid meddwl,
wrth wrando ar ambell bregeth 'doddedig', ac ni byddai
neb yn amau nad oedd y dagrau hyn yn gwneud lles i'r
sawl a'u collai. Gwneud lles, hynny yw, yn yr ystyr o
hyrwyddo iechyd a chymesuredd; a cheir awgrym o'r un
syniad yn *Y Farddoneg*.

Ebe Morgan D. Jones am Drasiedi yn ei lawlyfr *Termau
Iaith a Llên* (Llandysul, 1972), 109:

> Drama ddwys, ddifrifol ac urddasol gyda diweddglo
> trychinebus, a'r prif gymeriad yn ysglyfaeth naill ai i
> rym anorfod ei amgylchiadau, neu i ryw ddiffyg neu
> hynodrwydd tyngedfennol yn ei gymeriad.

[19] *Y Groegiaid Gynt*, 74.

Gwelir bod arlliw Aristotelaidd, yn naturiol ddigon, ar rannau o'r diffiniad, er bod Aristoteles weithiau'n sôn am drasiedïau — rhai llai effeithiol — sy'n gorffen ar nodyn dedwydd ar ôl cyflwyno profiadau cythryblus. Ond 'dwys a difrifol' yw'r naws gan amlaf, a thebyg yw'r teimladau a gyffroir.

Nid yw'n syn deall bod y *Farddoneg* yn credu y gellir esbonio'r teimladau hyn. Mae dagrau fel arfer yn esboniadwy. Bardd rhamantaidd oedd John Morris-Jones, ond cynigiodd esbonio 'dagrau'r' gwynt drwy eu cyfystyru â'i ddagrau ei hun:

> Pam y deui, wynt, i wylo
> At fy ffenestr i?
> Dywed im, a gollais tithau
> Un a'th garai di?

'Roedd T. H. Parry-Williams, ar y llaw arall, mewn cerdd sydd yn yr un traddodiad, yn methu esbonio ei ddagrau:

> Duw a ŵyr beth oedd fy nagrau,
> Ef ei Hun oedd biau'r lli;
> Wylwn am fod rhaid i'r Duwdod
> Wrth fy nagrau i.

Er bod y bardd cyntaf yn defnyddio'r 'Gwall Pathetig', mae'r ail yn fwy eithafol ei ramantiaeth, oherwydd agwedd nodweddiadol o ramantiaeth yw honni bod ymdeimlad y tu hwnt i esboniad. Cofiwn fel y canodd Heine ar ddechrau *Die Lorelei*:

> Ich weiss nicht, was soll es bedeuten,
> Dass ich so traurig bin.

('Ni wn beth a ddylai arwyddo, fy mod mor drist.') Gwir bod ganddo fath o ateb wedyn — 'stori o'r hen oesau',

> Ein Märchen aus alten Zeiten ...

Mor wahanol yw naws Aristoteles, y meddyliwr gwyddonol a oedd yn fab i feddyg. Aeth ati i ddadansoddi'r teimladau a gyffroir gan Drasiedi, ac ar y dadansoddiad seiliodd theori am hanfod y pleser aisthetig a geir yn y ffurf.

45

Rhan o swyddogaeth y meddwl mewn Trasiedi, meddir (19, 1456 a) yw 'ysgogi teimladau (megis tosturi neu ofn neu ddicter a theimladau tebyg).' Wrth sôn am y teimladau mewn mannau eraill nid yw'n enwi ond tosturi ac ofn. Dywed mewn un man (6, 1450 b) fod yr arddangosiad yn cyffroi'r teimladau, ond nad dyna'r ffordd orau i wneud hynny.

Ceir mwy o fanylion am hyn yn y bedwaredd bennod ar ddeg, lle nodir bod yr ymdeimlad o 'wrthuni' yn medru dilyn dull yr arddangosiad, er ei fod yn medru peri ofn a thosturi:

> Gellir peri ofn a thosturi drwy'r arddangosiad, ond gallant darddu hefyd o'r saernïaeth fewnol a roir i'r digwyddiadau; a'r olaf yw'r ffordd amgenach a nod y bardd gorau. Dylid saernïo'r stori ar wahân i'r hyn a welir, yn y fath fodd ag i beri bod y neb a glywo'r digwyddiadau yn dod i ben yn dychrynu ac yn tosturio oherwydd yr hanes. Dyma'r hyn a deimlai dyn wrth glywed stori Oidipws. Ond mae cynhyrchu'r effaith hon drwy'r arddangosiad yn llai artistig ac yn dibynnu ar gynorthwyon allanol. Ac mae'r rhai sy'n cynhyrchu drwy'r arddangosiad ymdeimlad nid o ofn, ond o wrthuni, ymhell oddi wrth anian Trasiedi.
>
> (14, 1453 b)

Mae'n amlwg i ni nad yw ofn yn deimlad pleserus; nid yw tosturi, hwyrach, yn deimlad mor annymunol, ond bod y profiad sy'n ei gynhyrchu yn medru bod felly. Ond yn y cyswllt hwn sonia Aristoteles am y pleser arbennig sy'n eiddo i Drasiedi: 'ni ddylid ceisio o Drasiedi bob math o bleser, ond y pleser sy'n briodol iddi;' a dywed wedyn mai'r ddau deimlad hyn yw ffynhonnell y pleser aisthetig trasiedïol:

> A chan y dylai'r bardd gynhyrchu'r pleser a ddaw o dosturi ac ofn drwy efelychiad, mae'n amlwg y dylid argraffu'r nodwedd hon ar y digwyddiadau.
>
> (14, 1453 b)

Mewn cyfeiriad mwy cyffredinol mae'n dweud mor bwysig yw i'r bardd deimlo ei hunan y teimladau a geir yn ei gymeriadau. Dywed mai'r 'rhai sy'n profi'r teimladau eu hunain' sy'n argyhoeddi orau (17, 1455 a); ac mai'r 'neb a gynhyrfir sy'n cynhyrfu, a'r llidiog sy'n terfysgu, gyda'r argyhoeddiad mwyaf'. Dyma osodiad y gellir ei gymhwyso nid yn unig at y ddrama ond at bob barddoniaeth a'r nofel a'r stori. A oes rhaid i'r lleuor fod wedi profi ei hunan y cyfan a ddisgrifir ganddo? Rhaid iddo o leiaf gyd-deimlo â'r sawl a brofodd. Mae gwelediad a synhwyro empathig yn sylfaenol i'w waith.

Eto ofn a thosturi yw'r ddau deimlad a nodir fel y rhai sy'n hanfodol a gwahaniaethol mewn Trasiedi. Mae'r teimladau eraill a allai'n hawdd godi, megis dicter, dirmyg, edmygedd, hyfrydwch, cydymdeimlad, poen, yn is-raddol i Aristoteles, er y gellid cysylltu rhai ohonynt ag ofn a thosturi. Y ddau hyn sy'n cael amlygrwydd ganddo hefyd mewn gweithiau eraill.

Yn y *Farddoneg* sonnir yn ogystal am 'ryfeddod': dywedir bod 'trasiedi yn efelychiad nid yn unig o ddigwydd cyflawn, ond hefyd o bethau a bair ofn a thosturi;' ac ychwanegir y 'gwneir hyn orau pan ddigwydd y pethau yn groes i'r disgwyl a phan fydd y naill ddigwyddiad yn arwain at y llall' (9, 1451 b - 52 a). Bydd 'rhyfeddod' yn dilyn, ac mae'r teimlad hwn, felly, yn is-wasanaethgar i'r nod o gyn-hyrchu ofn a thosturi. Mae'r elfen hon yn cyd-fynd yn aml â'r Darganfyddiad a'r Gwrthdro, sydd hefyd yn ymwneud â'r hanfod teimladol:

Bydd y math hwn o Ddarganfyddiad, gyda'r Gwrthdro, yn cynhyrchu tosturi ac ofn — effeithiau sy'n agos at hanfod yr efelychiad mewn Trasiedi, oherwydd o gwmpas digwyddiadau fel hyn y bydd adfyd a dedwyddwch yn troi.

(11, 1452 b)

Yn ei *Reitheg*, 2. 4-8 (1382 a yml.), mae Aristoteles yn trafod ofn a thosturi yn eithaf manwl, ond yn bennaf o safbwynt yr areithydd mewn llys sy'n gwneud apêl ar sail y teimladau hyn. Bydd dyn yn ofni, meddir, ryw ddrwg neu ddinistr sy'n ei fygwth yn awr ac sy'n agos; gŵyr pawb fod

47

rhaid iddynt farw, ond am nad yw'r angau yn agos, maent yn ddifraw. Bydd dyn yn ofni'r pethau hynny sy'n wrthrych tosturi pan ddaw pobl eraill i'w profi. Dyna awgrym o'r cyswllt rhwng y ddau deimlad. Cyn dod i drafod tosturi yn y llyfr hwn, mae'n sôn am gywilydd a charedigrwydd. A dywed am dosturi ei fod yn 'fath o boen a gyffroir wrth weld drwg dinistriol a phoenus yn syrthio ar un nad yw'n ei haeddu' — pwyslais a geir hefyd yn y *Farddoneg*. Am y dyn sy'n teimlo tosturi, dywed ei fod mewn sefyllfa sy'n peri iddo feddwl y gallai peth fel hyn ddigwydd iddo yntau neu i un o'i gydnabod.

Sonnir deirgwaith yn y *Farddoneg* am 'y teimlad dynol', ac ymddengys ei fod yn perthyn yn agos i dosturi. Condemnir y syniad o ddangos y dyn drwg yn symud o adfyd i ddedwyddwch am y rheswm yma:

Nid yw'n bodloni'r teimlad dynol ac nid yw'n deffro na thosturi nac ofn.

(13, 1452 b - 53 a)

Tebyg yw'r cyplysiad yn 18, 1456 a, lle sonnir am 'yr effaith sy'n briod i Drasiedi ac yn bodloni'r teimlad dynol'. Ond yn 13, 1453 a, tynnir gwahaniaeth: byddai gweld cwymp y cwbl ddrygionus 'yn bodloni'r teimlad dynol, ond ni byddai'n deffro na thosturi nac ofn'. Mwy cyffredinol ei naws, felly, yw'r 'teimlad dynol'.

Mae i dosturi ac ofn le amlwg yn y diffiniad o Drasiedi yn y chweched bennod: 'a thrwy dosturi ac ofn y mae'n gweithio allan deimladau o'r fath'. Gweler yr ymdriniaeth isod ar *Catharsis*. Ychydig yn wahanol yw'r cyflead yn 9, 1451 b - 52 a: 'mae Trasiedi yn efelychiad nid yn unig o ddigwydd cyflawn, ond hefyd o bethau a bair ofn a thosturi . . .'; ond hawdd cysoni'r ddau osodiad. Yn nechrau Pennod 13 disgrifir y ddau deimlad fel 'nod angen yr efelychu a geir mewn Trasiedi'. Yn yr un man cyferbynnir 'ffieidd-dod' â'r teimladau hyn.

Yma hefyd y cynigir esboniad seicolegol: 'oherwydd deffroir tosturi pan ddaw trueni i rywun nas haeddodd, ac ofn pan ddaw trueni i rywun tebyg i ni.' Ail-adroddir y syniad yn y frawddeg ddilynol. Mae agosrwydd ysbrydol y prif gymeriad, felly, yn hanfodol i'r syniad; a gwelsom fod yr un syniad yn bresennol yn y *Rheitheg*. Awgrymir yno fod sefyllfa'r dyn sy'n tosturio yn meddu rhywfaint o gysur ac arwahanrwydd; tosturio wrth eraill y byddwn mewn sefyllfa felly. Ac eto mae'r tosturi'n troi yn ofn wrth feddwl y gallai'r un dinistr ddisgyn arnom ni.

Ym Mhennod 14 eir ati i ystyried yn fanylach yr amgylchiadau a ymddengys yn ofnadwy neu'n druenus; a chadarnheir y farn flaenorol : ' pan fo'r digwyddiadau trist rhwng cyfeillion ', dyna'r sefyllfa ddelfrydol. Hynny yw, rhaid adlewyrchu'r agosrwydd ysbrydol sy rhwng yr edrychydd a'r prif gymeriad yn yr agosrwydd rhwng y cymeriadau a'i gilydd.

11. *Catharsis*

Rhaid neilltuo adran i drafod syniad Aristoteles am Drasiedi mewn perthynas i'r *catharsis* ar dosturi ac ofn, a hynny am fod cymaint o ddadlau ar gywirdeb y dehongli.

Dim ond dwy waith y defnyddir y gair *catharsis* yn y *Farddoneg*. Digwydd unwaith ar ôl y grynodeb o stori'r *Iphigeneia* :

> Felly yn hanes Orestes rhaid cynnwys y coll synhwyrau y cipiwyd ef o'i blegid, a'i achubiaeth drwy'r buredigaeth.
>
> (17, 1455 b)

Catharsis yw'r gair a drosir yma fel ' puredigaeth ', a chyfeirir at buredigaeth ddefodol mewn teml. 'Roedd Orestes wedi lladd ei fam ei hun, a rhaid oedd ei wared o'r halogiad drwy buredigaeth grefyddol.[20] Ystyr gyntaf y ferf berthynol, yn wir, yw ' puro '.

Y tro arall, a'r tro enwog, y defnyddir *catharsis* yw wrth ddiffinio Trasiedi :

[20] 'Roedd ei bresenoldeb wedi halogi cerflun y dduwies Artemis, a sonnir y ddrama am yr angen i buro Orestes ond hefyd am yr angen i buro'r cerflun. Mae Aristoteles, fodd bynnag, yn sôn yma am Orestes. Dywed D. W. Lucas, t. 181, '. . . the goddess's statue had been contaminated by the presence of a parricide and so must be purified . . .' Mae hyn yn llai tebyg; ' matricide ', gyda llaw, oedd Orestes.

49

a thrwy dosturi ac ofn y mae'n gweithio allan deimladau o'r fath.

(6, 1449 b)

Ceir yma, yn fanylach, 'yn peri *catharsis* teimladau o'r fath.' Mae'r teimladau, i bob golwg, yn cynnwys rhai eraill hefyd, ond mai tosturi ac ofn yw'r rhai pwysicaf.

Pam nad yw'n iawn cyfieithu 'yn puro teimladau o'r fath' yn wyneb yr ystyr ddiamwys hon ym Mhennod 17? Mae'n digwydd bod Aristoteles wedi trafod *catharsis* mewn perthynas â chelfyddyd cerddoriaeth (sy'n cynnwys y geiriau a genid) mewn llyfr arall, sef y *Politica.* Mewn un man yn yr wythfed adran mae'n dweud y dylid arfer cerddoriaeth i gyrraedd sawl pwrpas, yn cynnwys addysg (*paideia*) a *catharsis*, ac ychwanega y bydd yn trafod *catharsis* yn fanylach yn ei waith ar farddoniaeth. Yna mae'n trafod yn arbennig yr effaith a gaiff cerddoriaeth ecstatig:

> Mae'r teimladau sy'n effeithio'n wyllt ar rai eneidiau yn bresennol i raddau ym mhawb, er eu bod yn amrywio mewn cryfder, er enghraifft tosturi ac ofn, a hefyd ecstasi (*enthwsiasmos*); oherwydd bydd yr aflonyddwch olaf hwn yn llethu rhai yn deg, ac eto byddwn yn eu gweld, drwy effaith cerddi cysegredig, pan arferir tonau sy'n cynhyrfu'r enaid, yn ymdawelu fel rhai wedi cael triniaeth feddygol a *catharsis*. Bydd yr un profiad o reidrwydd yn dod i'r rhai sy'n dueddol i dosturio ac ofni ac i ddilyn eu teimladau, ac eraill hefyd i'r graddau y daw teimlad o'r fath iddynt; byddant i gyd yn profi rhyw *catharsis* ac ymdeimlad o ysgafnhad gyda phleser. Yn yr un modd bydd cerddi cathartig yn rhoi boddhad diniwed i ddynion.

(*Pol.* 8.7, 1342 a)

Gyda llaw, ceir y testun Groeg yn hwylus ar dd. 51-2 o argraffiad Rudolf Kassel o'r *Farddoneg.*

Peth sy'n taro dyn yn yr ymdriniaeth hon yw natur feddygol amryw o'r termau; mae hyn yn wir am 'ymdawelu' ac 'ysgafnhad'; a sylwer bod cyfeiriad pendant at 'driniaeth feddygol' mewn ymadrodd sy'n sôn wedyn am *catharsis*. Gellir casglu mai ystyr catharsis yma yw 'puro' yn y ffordd o 'garthu' neu 'weithio allan' y corff, ond bod y meddwl yn awr wedi'i drosi at fyd y teimladau. Ai teg yw dadlau mai'r un ystyr sydd i'r gair yn y *Farddoneg*? Gan fod yma gyfeiriad cyn hyn at y *Farddoneg* (mewn addewid i drafod yn fanylach yno — addewid, ysywaeth, na chadwyd moni), ni ellir amau nad yr un ystyr sy'n waelodol, er mai cerddoriaeth, ac nid barddoniaeth, a drafodir yn y *Politica*.

Pwynt arall sy'n hynod berthnasol yw'r dull therapewtig homoiopathig a gyflwynir wrth sôn am ecstasi: bydd y bobl sy'n cael eu llethu gan y teimlad hwn yn adennill cymesuredd (yn 'ymdawelu') nid drwy atal y teimlad, ond drwy ei brofi'n helaethach. Mae'r dull hwn yn hysbys, wrth gwrs, mewn rhai agweddau ar feddygaeth fodern. Pan fydd twymyn ar ddyn ceisir ei gadw'n dwym; i atal y frech wen rhoir pigiad o'r cowpog, sef mymryn o'r clefyd ei hun. A chofiwn y ddihareb Saesneg, 'A hair of the dog that bit you'. Mae'n debyg, yr un pryd, mai gwella drwy wrthweithio, hynny yw, drwy ddefnyddio'r elfen wrthwynebus, yw dull cyffredin meddygaeth ddoe a heddiw.[21] 'Roedd hynny'n wir am ddulliau arferol y Groegiaid, fel y dengys dywediad Aristoteles, 'Bydd meddyginiaethau yn eu natur yn gweithio drwy egwyddor y gwrthwyneb' (*Eth. Nic.* 1104 b 18). Eithriad oedd y dull arall; ond sonia Platon[22] am y ffordd o dawelu aflonyddwch plant nid drwy eu cadw'n dawel ond drwy eu siglo'n hir yn y crud, ac mae'n cymharu'r ffordd y bydd y Corubantes, y dawnswyr gwyllt sy'n dilyn y dduwies Cubele, yn medru iacháu pobl. Ceir dywediad perthnasol hefyd gan Aristoxenos o Tarentum, athronydd a sgrifennodd am gerddoriaeth; ebe ef am y Puthagoreaid:

Byddent yn arfer *catharsis* y corff drwy feddygaeth, a *catharsis* yr enaid drwy gerddoriaeth.
(Aristoxenos, fr. 26; gw. D. W. Lucas, t. 282 n. 3).

[21] Dyna'r darlun sydd yn y geiriau: 'Y mae perffaith gariad yn bwrw allan ofn' (1 Ioan 4, 18) fel y mae Kate Bosse-Griffiths yn dwyn ar gof i mi, ond mai gwrthdaro ysbrydion sydd yma — yr ysbryd da yn bwrw allan yr ysbryd drwg.
[22] *Cyfreithiau*, 790 D-E; gw. hefyd E. R. Dodds, *The Greeks and the Irrational* (Berkeley, 1951 a 1963), 77 yml.

Mae'n weddol eglur, felly, fod Aristoteles yn synied am y *catharsis* a ddaw drwy Drasiedi fel ffurf ar y theori feddygol fod tebyg yn iacháu tebyg: *similia similibus curantur*. Oherwydd mae ei ddiffiniad yn honni bod Trasiedi ' drwy dosturi ac ofn ' yn gweithio allan deimladau o'r fath. Trosiad meddygol sydd yma, a hefyd y syniad homoiopathig wedi ei gymhwyso at brofiad y teimladau.

Os yw hyn i gyd yn ymddangos yn rhesymegol gyson, mae rhai problemau yn aros. I ddechrau, nid meddygol yn unig yw cefndir y darn allweddol o'r *Politica;* mae iddo hefyd arwedd grefyddol. Mae'r bobl yma sy'n ennill cymesuredd ar ôl cyflwr o wylltineb teimladol yn profi, yn ôl y ddysg draddodiadol, ffurf ar iachâd a roir gan grefydd. Daw iddynt *enthwsiasmos,* sef cyflwr o gael eu meddiannu gan dduw, a'r duw hwn ynddynt sy'n ymlid i ffwrdd yr ysbrydion drwg a fu'n eu bygwth. Yn wir ceir tystiolaeth i gred debyg yn y Testament Newydd. Eto mae'n amheus ai dyma'r ffordd yr oedd Aristoteles yn edrych ar y profiad. Nid yw'n dangos diddordeb yn y ddysg grefyddol na hyd yn oed yn y cefndir crefyddol a oedd i wyliau dramatig y duw Dionusos; iddo ef y peth diddorol oedd bod miwsig ecstatig yn medru symud gor-deimladrwydd morbid, a gwelai rywbeth tebyg yn yr effaith a gâi Trasiedi. Trwy roi cyfle am ennyd i ymollwng i'r teimladau deuai wedyn brofiad o ryddhad ac ysgafnhad ac adferid cymesuredd teimladol.

Mae'n wir bod y dehongliad meddygol yn codi un broblem arbennig. A yw'n golygu cael gwared yn llwyr ar ddeimladau fel tosturi ac ofn, neu gael gwared yn unig ar ormodedd ohonynt? Ac mae'n ymddangos bod gwahaniaeth pwysig rhwng y ddau deimlad a nodir: bydd pawb am gael gwared ar ofn, ond i ni mae tosturi yn beth hollol gymeradwy. Onid y gwir yw na fedrwn gael gormod o dosturi? Deisyfwn y tosturi dwyfol:

O tosturia!
Mewn anialwch 'rwyf yn byw.

A chredwn y dylem ninnau dosturio hefyd. Mae tosturi a maddeuant yn perthyn yn agos i'w gilydd.

Rhaid sylwi bod dehongliad Aristoteles yn cyplysu tosturi ac ofn. Gwelsom uchod ei fod yn ei *Reitheg* yn diffinio tosturi fel ' math o boen a gyffroir wrth weld drwg dinistriol a phoenus yn syrthio ar un nad yw'n ei haeddu '. Tosturio a wneir wrth ddyn felly, ac ofni rhag i'r un peth ddigwydd i ni. O gwmpas yr hunan, felly, y mae'r ddau deimlad yn troi. Yng ngeiriau Humphry House,[23] ' Thus in Aristotle's treatment pity is not an altruistic and disinterested emotion '. Ar linell yr un meddwl y mae'r pwyslais fod y prif gymeriad yn rhywun ' tebyg i ni '. Hwyrach yn wir nad oedd y Groegiaid yn gyffredinol yn barod i roi i dosturi y gymeradwyaeth a gaiff yn y traddodiad Cristnogol. Dywed Arthur Adkins[24] mai yn unig oddi wrth ei gyfeillion y gallai'r Groegwr ddisgwyl tosturi yn ôl yr athrawiaeth draddod-iadol. Gosodiad rhy ysgubol yw hwn, gan fod Homer a'r trasiedïwyr yn dangos Achil'les ac Odussews a Deianeira yn cymryd tosturi ar bobl sy'n perthyn i gylch ehangach.[25] Dywed Pawsanias (1. 17. 1) fod Allor i Dosturi ym marchnad Athen; dyma'r enw a roddwyd yn y bedwaredd ganrif i hen allor y Deuddeg Duw, ac mae'r bardd Lladin Statius yn defnyddio'r gair *clementia* wrth gyfeirio ati.[26] Ymddengys i'r allor hon yn Athen ysbrydoli'r *Ara Pacis Augustae* yn Rhufain. Darganfuwyd allor fechan i Dosturi hefyd yn Epidawros yn nheml Asclepios, y duw a arbenigai mewn iacháu.[27] Pan ddaw Lucius yn yr *Asyn Aur*, nofel Apuleius, i gofleidio crefydd Isis, dywed yr offeiriad wrtho ei fod yn awr, wedi llawer storm, wedi cyrraedd ' hafan Tangnefedd ac allor Trugaredd ' (*ad portum Quietis et aram Misericordiae*).[28]

Oes, mae hanes anrhydeddus i'r syniad. Gwir nad oedd y Stoïciaid yn barod i roi lle yn eu sustem i dosturi: mae hunan-ddigonedd y dyn doeth yn gyfryw, pa mor druenus

[23] *Aristotle's Poetics*, 101.
[24] *Classical Quarterly* 16 (1966), 94.
[25] cf. D. W. Lucas, t. 274. (' But on balance pity was admired ').
[26] gw. ymhellach Peter Levi, *Pausanias, Guide to Greece* (Penguin, 1971), I, 47 n. 89.
[27] Waser, *PW* s.v. ' Eleos ' (1905), 2320.
[28] gw. fy sylwadau *ad loc.* yn *Apuleius of Madauros: The Isis-Book* (Leiden, 1975).

bynnag ei gyflwr allanol, fel nad oes angen dim tosturi arno. Yn ddiweddarach condemniodd Nietzsche y syniad yn llwyr. Iddo ef nid oedd Cristnogaeth, sy'n moli tosturi, ond *Sklavenmoral*, ' moeseg caethion '. Nid oes gan Aristoteles unrhyw awgrym fod tosturi yn atgas; ond mae poen a thristwch ynddo, ac mae hyn yn codi o'r trueni sy'n esgor arno, a'r ofn sy'n gysylltiedig. Drwy ei brofi mewn Trasiedi bydd dyn mewn ffordd i gael ei wared dros dro.

Er mai metaffor a welir yn y gosodiad, nid yw ei darddiad meddygol arbennig wedi apelio, yn naturiol, at bawb. Teimlodd F. L. Lucas[29] ei fod yn rhoi'r syniad i ddyn fod mynd i'r theatr i weld trasiedi yn debyg i'r profiad o fynd i'r ysbyty; neu, gellid ychwanegu, i ymweliad â'r Cyfleusterau Cyhoeddus. Temtir ef felly i gytuno â'r theori feddygol gynnar sy'n sôn nid am ymwacâd llwyr, ond am symudiad rhannol ar y tymherau gormodol. Yn ôl y theori Roegaidd hon 'roedd iechyd corff a meddwl yn dibynnu ar gadw'r tymherau hyn yn gymesur, ac fe'u cysylltid â hylifau neu ddeunydd arall yn y corff. Gormodedd o ddwfr, meddid, oedd yn peri tosturi a dagrau; gormodedd o oerni a barai ofn. Mae'r gair ' melancholia ' mewn ieithoedd modern yn adleisio'r hen ddamcaniaeth, gan mai ei ystyr wreiddiol yw ' bustl du ', a gyfrifid yn achos yr iseldra neu'r gwamalrwydd ysbryd. Mewn gwaith o'r enw *Problemau*, a sgrifennwyd gan un o ysgol Aristoteles, yn ôl pob tebyg, ac wedi ei oes ef, trafodwyd cyfartaledd y gwres a'r oerni yn y bustl du (Problem 30), a chysylltir yr oerni ag anobaith neu ofn; bydd anobaith ac ofn, meddir, yn mynd yn llethol os ceir gormodedd o'r elfen oer, a rhaid trefnu gollyngdod. I rai byddai gollwng gwaed yn orfodol. Ffordd i ryddhau gormodedd o'r bustl du oedd ymdaflu i deimladau arbennig pan gynhyrfid hwy. Felly deuai cydbwysedd yn ôl.

A oes sicrwydd bod Aristoteles wedi derbyn y syniadau hyn? Mae'n amlwg, o leiaf, iddo dderbyn y fframwaith

[29] Yn ôl H. House, op. cit., 105. Ymddengys i Mr. Lucas newid ei bwyslais mewn argraffiad diwygiedig o'i waith (1957 a 1961).

cyffredinol a ddysgid gan Ysgol Feddygol Hippocrates, a dywed mewn un man:

> Bydd angen triniaeth feddygol gyson ar y rhai sy'n felancholaidd wrth natur.

(Eth. Nic. 1154 b 11)

Yn ôl y ddysg feddygol hon mae pedwar hylif yn y corff, sef gwaed, llysnafedd neu fflem, bustl melyn, a bustl du; a chydbwysedd y rhain sy'n gwarantu iechyd. Maent yn effeithio ar y teimladau, a'r teimladau yn effeithio arnynt hwy. Os dyma'r esboniad ar *catharsis,* nid metaffor fydd ei hanfod, ond proses seicosomatig: bydd ymroddi i deimladau fel tosturi ac ofn yn peri gollyngdod o'r bustl du, ac yn adfer cymesuredd emosiynol. Y syniad yw bod teimladau yn cael eu cronni drwy ormodedd yr hylifau, a bod y llifo drosodd yn rhoi gollyngdod. Cyfeiria F. L. Lucas[30] at y ffaith fod Aristoteles yn medru defnyddio'r ferf *apokathairesthai* am y rhyddhad a geir i dyndra neu densiwn nwydus drwy gyfathrach rywiol. Diau bod perthynas syniadol yma.

Mae'n edrych yn debyg, felly, mai'r ail ddehongliad meddygol — nid gweithio allan yn llwyr drwy garthu, ond cymedroli drwy ollyngdod — sy'n gywir. Yn ei Ragair i *Samson Agonistes* mae Milton yn defnyddio'r gair 'purge' ('by raising pity and fear, or terror, to purge the mind of those and such like passions'), ond dywed wedyn, 'that is to temper and reduce them to just measure with a kind of delight, stirr'd up by reading or seeing those passions well imitated'. Bod Milton yn gyfarwydd â'r ddamcaniaeth am y tymherau a'r hylifau, daw hyn yn amlwg yn ei frawddeg nesaf: 'Nor is Nature wanting in her own effects to make good this assertion: for so in Physics things of melancholic hue and quality are us'd against melancholy, sowr against sowr, salt to remove salt humours.' Dangosodd B. R. Rees[31] fod ysgolheigion cyfoes yn yr Eidal wedi dylanwadu ar ddehongliad Milton, a'i fod wedi mynegi'r athrawiaeth i'r dim ar ddiwedd ei ddrama:

> And calm of mind, all passion spent.

[30] *Tragedy,* 38.
[31] *Aristotle's Theory and Milton's Practice*: Samson Agonistes, 6 yml.

Mewn rhai gosodiadau mae Milton, fel y dengys yr Athro Rees, yn tueddu i roi arlliw moesegol i *catharsis*, fel y gwnaeth amryw o'i gyfoeswyr yn yr Eidal. Ac yn wir bu'r dehongliad fod y peth yn golygu 'puro'r teimladau' yn yr ystyr o'u dyrchafu yn eithaf poblogaidd. Nid yw'n debyg o gwbl mai hyn a oedd gan Aristoteles mewn golwg. Nid yw'n amhosibl, er hynny, nad oes elfen foesegol yn y cefndir, a gellir dadlau bod yr athrawiaeth yn dal perthynas â sustem moesegol yr awdur, er mai'r pleser aisthetig yw'r pwyslais cyntaf yn yr ymdriniaeth yn y *Farddoneg*.

Dylem gofio bod Platon yn y *Politeia* wedi ymosod yn llym ar rai o'r teimladau a gynhyrfir gan y bardd; yn ôl Platon mae barddoniaeth yn medru cynhyrfu ofnau nes gwneud dynion yn llwfr; yn gyffredinol mae'n gallu hyr-wyddo teimladaeth ddi-reol ac eithafol. Yn hollol i'r gwrth-wyneb dadleuodd Aristoteles fod gollyngdod i'r teimladau yn medru gwneud dynion yn fwy cytbwys — dyna o leiaf yw oblygiad ei athrawiaeth. Yn y bedwaredd ganrif o oed Crist mae Iamblichos yn mynegi'r oblygiad yn eglur iawn ac yn gryfach, yn ddiau, na'r syniad gwreiddiol:

> Mae grymoedd y teimladau dynol sydd ynom, os rhoir ataliad arnynt, yn mynd yn fwy nerthol; ond os rhoir cyfle iddynt weithio am ennyd fer ac o fewn terfynau, daw iddynt hoen gymedrol a boddhad; a thrwy hyn, o gael eu puro (*apokathairomenai*), gellir eu rheoli drwy berswâd a heb rym. Dyma pam, mewn Comedi a Thrasiedi, drwy syllu ar deimladau pobl eraill, byddwn yn sadio ein teimladau ein hunain a'u gwneud yn fwy cymedrol a phur (*apokathairomen*).

> (Iamblichos, *De Mysteriis*, 1. 11; gol. É. des Places, Paris, 1966, t. 61).

A aeth Iamblichos gam ymhellach nag Aristoteles yn ei esboniad o'r 'puro'? Mae'n dibynnu ar yr union ystyr a roddai i'r gair. Ar y cyfan ymddengys ei fod yn cadw'n weddol agos at y syniadaeth wreiddiol, ac nid oes amau nad dilyn y *Farddoneg* y mae.

Dadleuodd Humphry House,[32] a hynny'n deg, fod y

---

[32] op. cit., 109-111.

cymesuredd a'r cydbwysedd a nodir fel diben *catharsis* yn y *Politica* yn ddiben yr un profiad yn y *Farddoneg*, a bod hyn yn rhan o ddelfryd Aristoteles am gymeriad dyn, lle mae pob rhinwedd yn perthyn i'r canol cymesur. Mae Pennar Davies[33] yntau yn gweld elfen foesegol yn *catharsis;* dywcd mai 'yr egwyddor fawr a gyhoeddir fel hyn gan Aristoteles yw bod trasiedi trwy ryw wyrth gyfannol yn gallu ennyn rhai o emosiynau mwyaf pwerus calon dyn yn y fath fodd ag i'w disgyblu — yr union deimladau a all ein trechu'n llwyr'.

Bu sôn am bwysigrwydd tosturi ac ofn mewn Trasiedi cyn adeg Aristoteles; efallai mai'r soffydd Gorgias a ddiffiniodd drasiedi gyntaf fel 'efelychiad o'r ofnadwy a'r truenus'.[34] Ond eiddo Aristoteles yw'r ddamcaniaeth seicolegol[35] sy'n ymwneud â phriod bleser y ffurf. Mae'n bwysig sylwi, yr un pryd, ei fod yn sôn hefyd am y pleser a ddaw o'r efelychiad cyffredinol sy mewn Trasiedi, gan gynnwys yr arddull a'r gerddoriaeth a'r arddangosiad, a bod y cyflead o gymeriad yn rhan amlwg o'r efelychu. Mae'n rhoi llawer o le i drafod yr agweddau hyn yn wir, a dim ond unwaith y soniodd yn y *Farddoneg* am *catharsis.*

12. *Yr Athrawiaeth am Arddull*

Yn y drydedd ran (Penodau 19-22) ceir trafodaeth ar feddwl ac iaith. Wrth drafod elfennau iaith rhoir tipyn o sylw i'r hyn y byddem ni'n ei alw yn ramadeg. Eir ati, er enghraifft, i ddiffinio'r 'rhannau ymadrodd', fel y gwnaeth Gruffydd Robert o Milan yn ei Ramadeg Cymraeg; ac mae ef, gyda llaw, yn dechrau ei annerch i'r 'hygar ddarllenydd' â chyfeiriad at sylw a wnaeth Aristoteles, 'gŵr o ragoriaeth mewn dysg a gwybodaeth'.[36] Dywed G. J. Williams, fodd bynnag, fod ymdriniaeth Gruffydd Robert â'r materion hyn

[33] *Barn* 135 (Ion. 1974), 121.
[34] J. M. Bremer, *Hamartia,* 6, gan ddyfynnu barn Max Pohlenz.
[35] Ar un adeg byddai Freud yn defnyddio'r term *catharsis* am ollyngdod ar deimladau drwy fynegiant dramatig ohonynt mewn cefndir therapewtig. gw. F. L. Lucas, *Tragedy,* 51-2.
[36] Gruffydd Robert, *Gramadeg Cymraeg.* Yn ôl argraffiad Milan, 1567, gol. G. J. Williams (Caerdydd, 1939), hyn ar dud. sydd heb ei rifo.

' wedi ei seilio ar ramadegau Lladin Donatus a Phriscianus, y gramadegau a ddefnyddid yn yr ysgolion yn yr Oesau Canol '.[37]

Wedi'r ymdriniaeth ramadegol daw Aristoteles i drafod agweddau ar arddull, ac un o'r pethau a bwysleisir ganddo yw'r gwahaniaeth rhwng ' gair cyffredin' a ' gair dieithr ' (21, 1457 b). Ar ôl y diffinio dechreuol mae'n trafod y gwahaniaeth yn y bennod ddilynol, sy'n cychwyn gyda'r gosodiad mai ' perffeithrwydd arddull yw bod yn eglur heb fod yn ddi-nod '. Y ffordd hawsaf, meddir, i sicrhau arddull eglur yw defnyddio geiriau cyffredin :

> Yr arddull egluraf yw honno sy'n defnyddio geiriau cyffredin yn unig, ond di-nod yw arddull felly.
>
> (22, 1458 a)

I osgoi'r sathredig, meddir wedyn, a sicrhau urddas, dylid defnyddio ' geiriau anghyffredin '. Term yw hwn sy'n ehangach na ' geiriau dieithr ', oherwydd cynhwysir ynddo ' rai dieithr, neu fetaffor, neu air wedi ei hwyhau, ac unrhyw beth sy'n groes i'r ieithwedd arferol '. Daw barn gytbwys Aristoteles i'r golwg wedyn pan ddywed y dylid osgoi eithafion yn y mater hwn; ' os bydd dyn yn gwneud y cyfan fel hyn, bydd ei gynnyrch yn enigma neu yn farbarwaith — yn enigma os ceir metafforau yn unig, yn farbarwaith os ceir geiriau dieithr yn unig '. ' Cymysgu ychydig o'r elfennau hyn ' : dyna'r nod cymeradwy.

Iaith arddunol, ar y cyfan, yw iaith trasiedïau'r Groegiaid, ac un rheswm am y traddodiad yw tarddiad crefyddol y math hwn o sgrifennu. Fel y gwelsom uchod, ychydig iawn o ddiddordeb sy gan Aristoteles yn y cefndir crefyddol, ac mae hyn yn amharu ar ei ddadansoddiad. Yr hyn sy'n bwysig iddo ef yw esbonio'r ffenomenon fel y mae'n hysbys iddo, sef bod y math hwn o arddull yn effeithiol mewn Trasiedi; a'i gred ef yw bod esboniad yn bosibl drwy ddadelfennu natur y geiriau a ddefnyddir. Mae'r dadelfennu'n hollol gywir, ond anwybyddir ffactorau pwysig. Soniwyd

[37] ibid., lxxxvii.

eisoes am y cefndir crefyddol. Ffactor pwysig arall yw
personoliaeth yr awdur.[38] Mewn beirniadaeth fodern rhoir
lle mawr i'r cyswllt hwn. *Le style est l'homme même,* yn
ôl gosodiad Buffon: 'yr arddull yw'r dyn ei hun'. Ond
cafwyd amgyffred o'r egwyddor yn yr hen fyd hefyd,
oherwydd dywedodd 'Longinus' yn y ganrif gyntaf o Oed
Crist, fod arddull aruchel llenyddiaeth fawr yn cyfleu
'atsain enaid mawr'.[39] Yn y dehongliad hwn y pwyslais
moesol sy'n allweddol. Y ddadl yw bod cysylltiad anorfod
rhwng arucheledd moesol yr awdur a'r arucheledd yn ei
arddull.[40]

Pan ddywedir bod Ariphrades wedi gwneud hwyl am ben
y trasïedïwyr 'am ddefnyddio ymadroddion na ddywedai
neb mohonynt wrth siarad', mae ymateb Aristoteles yn
blwmp ac yn blaen:

> Ond y ffaith na cheir mohonynt mewn siarad cyffredin
> yw'r union reswm pam y rhoddant arbenigrwydd i
> arddull. Ni welodd ef mo hynny.

(22, 1459 a)

Mae'n siŵr y byddai gan lawer heddiw dipyn o gydym-
deimlad â safbwynt yr Ariphrades yma. 'Roedd y bardd
Saesneg Wordsworth yn hysbys am ei wrthwynebiad i'r
ddamcaniaeth y dylai iaith barddoniaeth fod yn 'wahanol'.
Mae'r broblem yn amlycach mewn drama, oherwydd dyna
a geir ym mhob math ar ddrama yw pobl yn siarad â'i
gilydd. Mewn dramâu barddonol modern anelwyd yn aml
at gyfaddawd, ac mae *Murder in the Cathedral* T. S. Eliot
a *Llywelyn Fawr* Thomas Parry, ac yn arbennig ddramâu
Saunders Lewis yn cyfuno arwahander arddunol a sionc-
rwydd llafar. Yn ei Ragair i *Blodeuwedd* dywed Saunders
Lewis iddo geisio peri 'i'r iaith lenyddol a'r mesur di-odl
awgrymu dulliau a rhithmau siarad pobl a fo'n meddwl yn

---

[38] cf., W. Hamilton Fyfe, *Aristotle's Art of Poetry* (Rhydychen, 1940),
xxvii yml.
[39] *Am Arucheledd,* 9.2. Mae W. Rhys Roberts, *Longinus On the Sublime*
(ail argr. Caer-grawnt, 1907), 61 yn trosi, 'Sublimity is the echo of a great
soul'.
[40] cf., D. A. Russell, '*Longinus*' *On the Sublime* (Rhydychen, 1964),
xxxviii yml.

ddwys ac yn teimlo i'r byw wrth siarad'. Ychwanegodd, 'Barddoniaeth sgwrs yw barddoniaeth drama.'

Yn ei lyfr gwych *Tafod y Llenor*: *Gwersi ar Theori Llenyddiaeth* (Caerdydd, 1974), 269, dywed y Dr. R. M. Jones (Bobi Jones) beth fel hyn:

> Buom lawer ohonom yn barod odiaeth, a minnau gyda'r llu, i gollfarnu'r gwahaniad a wnâi J. Morris Jones rhwng iaith farddonol ac iaith ryddieithol. Daeth yn bryd bellach inni ailystyried y beirniadaethau hyn. Gwelodd Aristoteles yntau y gall fod i iaith farddonol ei chymeriad estron neu ddieithr; . . .

Dywed hefyd mai ' yr hyn sy'n nodweddu'r gair barddonol yw amrywioldeb yr haenau, yr amwysedd yn yr ystyr Empsonaidd, yr ymsymud rhwng y gwahanol lefelau'. Yn y llyfr hwn gwneir ymgais nodedig i gyfuno ieithyddiaeth a beirniadaeth lenyddol — math o drafod sydd yn y traddodiad Aristotelaidd.

Nid yw Aristoteles mewn gwirionedd yn ddiystyr o'r elfen lafar. Yn y trasiedïau Groegaidd defnyddir mydr iambig pan fydd siarad rhwng personau, a dywed ef am y mydr hwn ei fod ' yn efelychu, hyd y bo modd, ein ffordd gyffredin o siarad'; am hynny, ebe ef, ' y geiriau cymhwysaf yw'r rhai a ddefnyddir wrth siarad', a dywed mai ' y rhain yw'r geiriau cyffredin, metafforau, a geiriau addurn'. Yn ddiau byddai'n disgwyl i arddull y corawdau fod ymhellach oddi wrth ' ein ffordd gyffredin o siarad'.

Mewn llenyddiaeth fodern, ac yn neilltuol mewn barddoniaeth, amlhaodd yr elfennau sy'n dieithrio arddull. Hyd yn oed mewn rhyddiaith, os edrychwn ar lyfr fel *Finnegan's Wake* gan James Joyce, gall yr anghynefin fynd i eithafion. Ebe Aneirin Talfan Davies[41] am y gwaith hwn, ' Y mae tudalen, wrth edrych arni, yn gyrru arswyd ar ddyn, oherwydd dieithrwch yr olwg sydd ar y geiriau.' Mae beirniad arall[42] wedi nodi bod ' pen draw proses o hanfodi i Joyce fel artist' i'w weld yma; ' nid yw'n gwneud sens,'

---

[41] *Yr Alltud* (Llundain, 1944), 83.
[42] D. Tecwyn Lloyd, *Erthyglau Beirniadol* (Llandysul, 1946), 73.

meddir, 'nid yn unig am nad yw'n gwneud nofel ond am nad yw'n gwneud iaith'. O gymhwyso canonau Aristoteles am arddull, a chofio mai arddull farddonol yw hon, nid oes amheuaeth am y dyfarniad: Mae'r gwaith yn 'enigma' ac yn 'farbarwaith'.

Os teimlir bod y dosbarthiad yn ôl cynefindra neu ddieithrwch geiriau ychydig yn haearnaidd, eto mae'r ymwybod o bwysigrwydd metaffor neu drosiad mewn barddoniaeth yn enghraifft o sythwelediad llachar:

> Ond y peth pwysicaf o ddigon yw meistrolaeth ar fetaffor. Hwn yw'r unig beth na ellir ei ddysgu gan neb arall. Arwydd o athrylith yw, oherwydd mae'r gallu i greu metafforau yn arwyddo dawn i ganfod y tebygrwyd rhwng pethau annhebyg.
>
> (22, 1459 a)

Mae holl hanes beirniadaeth wedi hynny yn profi bod y gosodiad yn gwbl wir am farddoniaeth o bob math.[43] Yn wir, fel y sylwodd F. L. Lucas,[44] mae astudio delweddau heddiw wedi mynd yn 'mania'. Gwelodd Lloegr ac America hyd yn oed ysgol o feirdd a honnai fod yn Ddelweddwyr ('Imagists'). Yn sicr ni ddylai unrhyw feirniad llenyddol anwybyddu'r elfen. Eto mae'n bwysig sylwi mai mewn adran sy'n ymwneud ag arddull ac iaith a dywedir hyn gan Aristoteles. Nid honni a wna mai hanfod yr holl welediad barddonol yw meistrolaeth ar fetaffor.

Hoffwn gyfeirio at ymdriniaeth y Dr. R. M. Jones (Bobi Jones) yn negfed bennod ei lyfr *Tafod y Llenor* (1974), tt. 235-274. Y pennawd yw 'Trosiad' a dadansoddir llawer math yn gywrain ofalus. Ar d. 248 ymdrinir ag un o osodiadau Aristoteles. Yn y bennod hon ceir cyfoeth o gyfeiriadau at drafodaethau yn y Gymraeg a llawer iaith arall. Mae'r ymdriniaeth yn wir yn un feistrolgar.

---

[43] Gweler astudiaeth werthfawr J. E. Caerwyn Williams, 'Sylwadau ar y Trosiad', *Y Llenor* 30 (1951), 119-141. Diolchaf i'r Dr. Bobi Jones am y cyfeiriad.
[44] *Tragedy*, 149.

13. Awdurdod a Dylanwad y Farddoneg

'O blith awduron Groeg, i Aristoteles y mae dyled bennaf beirniadaeth lenyddol Ewropeaidd': dyna osodiad Mr. D. A. Russell.[45]

Prin y gellir amau'r honiad, ond dylid sylwi nad yw hyn, o reidrwydd, yn gwneud Aristoteles yn unrhyw fath o awdurdod arnom ni heddiw. Ymhellach, nid yw'r *Farddoneg* yn cynrychioli barn beirdd a llenorion Groeg. Mae'n waith gŵr o athrylith, ond un a safai, mewn beirniadaeth lenyddol, yn llwyr ar ei ben ei hun. Gwir bod ei athro, Platon, yn athrylith unig hefyd mewn ystyr, ond mae ei drafodaethau ef ar farddoniaeth yn eithaf amrywiol ac yn sicr yn adlewyrchu rhai safbwyntiau a gynhaliwyd gan nifer o'i gyfoeswyr. Os am wybod rhywbeth am syniadau llenyddol un o brif artistiaid y ddrama yn Athen, cynigir storfa o wybodaeth i ni yng nghomedïau Aristophanes, yn arbennig yn y *Llyffantod* a'r *Cymylau*. Y peth hynod am y *Llyffantod* yw ei bod yn trafod, a hynny'n fedrus a gogleisiol iawn, rinweddau a ffaeleddau y trasiedïwyr Aischulos ac Ewripides; ac eto comedi ddifyr yw'r *Llyffantod*. Ceir cyfieithiadau Saesneg o'r gweithiau hyn — ond nid, ysywaeth, o'r darnau mwy personol yn y *Cymylau* — yng nghyfrol D. A. Russell ac M. Winterbottom, *Ancient Literary Criticism* (Rhydychen, 1972).

Mewn oesoedd diweddarach, fodd bynnag, dylanwad *Barddoneg* Aristoteles oedd y peth sylfaenol yn namcaniaethau beirniadol sawl gwlad yn Ewrop. Ni allwn gynnig yma ond ychydig bwyntiau amlwg parthed datblygiad y dylanwad. Mae'r maes yn un aruthrol fawr.

Mae'n bwysig sylwi na ddaeth y *Farddoneg* i fri yn Ewrop cyn diwedd yr Oesau Canol. Cafodd y *Farddoneg* beth dylanwad, drwy gyfrwng beirniaid Alexandria, ar *Ars Poetica* Horas, y bardd Lladin, ac yr oedd ef yn fwy adnabyddus i'r Oesau Canol nag Aristoteles. Eto, ymddengys bod Chaucer yn y *Canterbury Tales* yn dilyn rhan o bennod 13 yn y *Farddoneg* yn ei ddiffiniad o Drasiedi:

[45] '*Longinus*' *On the Sublime*. ix.

Tragedie is to seyn a certeyn storie,
As olde bookes maken us memorie,
Of hym that stood in greet prosperitee,
And is yfallen out of heigh degree
Into myserie, and endeth wrecchedly.

(Monk's Prologue).

Yn gyffredinol, fodd bynnag, bach oedd dylanwad
Aristoteles yn y cyfnod hwn, fel athronydd yn ogystal ag fel
beirniad llenyddol. A siarad yn fras, '*Platoniaeth
Awstinaidd Gristnogol* oedd prif lif meddwl yr Oesoedd
Canol drwodd a thro, a'i heffaith yn cyrraedd ymhellach o
lawer nag unrhyw astudiaeth ohoni fel cyfundrefn ymysg
athronwyr a beirniaid '.[46]

O gwmpas y chweched ganrif cafodd y *Farddoneg* ei
chyfieithu i'r iaith Surieg, ac yn y ddegfed ganrif cafodd y
fersiwn yma ei drosi i'r iaith Arabeg gan Abw Bishr. Yn y
ganrif ddilynol y sgrifennwyd y llawysgrif Roeg sy'n brif
ffynhonnell ein gwybodaeth o'r testun, a hynny yn
Byzantium. Aed â'r llawysgrif hon i Fflorens; heddiw mae
ym Mharis. Dylid ychwanegu bod William de Moerbeke
wedi cyfieithu'r testun i'r Lladin ym 1278; ond yn rhyfedd
iawn ni wnaed sylw o'r gwaith hwn nes i ddwy lawysgrif
o'r trosiad gael eu darganfod ym 1930. Ceir golau ganddynt
ar ddarlleniadau'r llawysgrif Roeg gynharaf.

Yn y bymthegfed ganrif y daeth y *Farddoneg* yn hysbys
yn Ewrop, ac ysgolheigion y Dadeni yn yr Eidal a fu'n
gyfrifol. Carreg filltir bwysig oedd argraffu cyfieithiad Lladin
ym 1498. Datblygodd diddordeb brwd iawn yn yr Eidal
ac yn yr unfed ganrif ar bymtheg yr oedd dramawyr yno
yn ceisio dilyn cyfarwyddyd Aristoteles wrth sgrifennu
dramâu. Argraffwyd testun Groeg y *Farddoneg* am y tro
cyntaf ym 1508, ac wedi hynny laweroedd o weithiau. Nid
yw'n debyg fod unrhyw lyfr Groeg wedi ei argraffu mor aml
â'r Farddoneg ac eithrio'r Testament Newydd.[47] Yn briodol

---

[46] D. Myrddin Lloyd, *Llên Cymru* 1 (1951), 237 (' Estheteg yr Oesoedd
Canol ').
[47] Lane Cooper, *The Poetics of Aristotle: its Meaning and Influence*, 101.

iawn yr Eidaleg a gafodd y cyfieithiad cyntaf i iaith fodern, sef gwaith B. Segni.

Parhaodd poblogrwydd Horas yr un pryd, ac mae'r trafodaethau ar ddylanwad llenyddol Aristoteles yn fynych yn gorfod cydnabod bod dylanwad Horas yn cyd-redeg â'r sylw a roir i'r Groegwr. O'r Eidal ymledodd diddordebau'r Dadeni — a chofier bod y rhain yn cynnwys holl lenyddiaeth a chelfyddyd y byd clasurol — i Sbaen a Ffrainc, i'r Iseldiroedd ac i'r Almaen, a hefyd i Loegr. Ym 1561 cyhoeddodd J. C. Scaliger ei lyfr cynhwysfawr *Poetices libri septem* yn trafod llawer o feirniadaeth lenyddol yr hen fyd. Cyfeiriodd ef at Aristoteles fel 'ein hymerawdwr, ein hunben bythol yn yr holl gelfyddydau'.[48]

Peth anochel yn awr oedd bod dylanwad Cristnogaeth yn lliwio'r drafodaeth. Ceir enghraifft yn y dehongli ar *hamartia*. Buom yn dadlau uchod fod elfen foesol yn y syniad gwreiddiol, er bod Aristoteles yn pwysleisio nad pechod amlwg mohono. At ei gilydd bu tuedd eglur yn ystod y Dadeni ac wedi hynny i ddifrifoli ansawdd *hamartia*. Lorenza Valla a gyhoeddodd y cyfieithiad Lladin argraffedig cyntaf yn Fenis ym 1498, ac mae'n arwyddocaol iddo gyfieithu 'drwy *hamartia*' fel *per flagitium et scelus* ('drwy anfadwaith a throsedd'). A chafodd amryw ddilynwyr vn y mater hwn.

Nid dilyn y *Farddoneg* yn slafaidd yw nod y beirniaid oll. Yn yr unfed ganrif ar bymtheg un o'r disgleiriaf oedd yr Eidalwr Castelvetro. Iddo ef pleser yn unig yw nod Trasiedi, a chred mai dyma wir bwyslais Aristoteles; ac am fod y syniad am *catharsis*, yn ei farn ef, yn cynnwys elfen lesol a moesol, mae'n ymwrthod â'r syniad. Mae'n dadlau hefyd nad oedd y syniad yn bwysig ym meddwl Aristoteles ei hun, ond iddo ei grybwyll yn achlysurol yn unig er mwyn amddiffyn Trasiedi yn erbyn yr effeithiau anffodus a briodolid iddi gan Platon.[49]

[48] ibid, 108.
[49] L. Castelvetro, *Poetica d'Aristotele vulgarizzata et sposta* (Vienna, 1570, ad-argr. Munich, 1968), 152; cf. H. B. Charlton, *Castelvetro's Theory of Poetry* (Manceinion, 1913), 120 yml.

Enghraifft arall o ryddid y beirniad yw penderfyniad y Ffrancwr Corneille y dylid ychwanegu at dosturi ac ofn yr ymdeimlad o *admiration* (rhyfeddu edmygol) fel rhan o'r ymateb a ysgogir gan Drasiedi.[50] Nid yw'r syniad yn hollol an-Aristotelaidd, er hynny, fel y dengys René Bray. O leiaf mae'r *Farddoneg* yn sôn am yr angen o gael elfen o ryfeddod mewn Trasiedi: cysylltir yr elfen â'r pethau sy'n peri ofn a thosturi, a dywedir bod yr agwedd annisgwyl sydd eto'n ganlyniad rhesymegol yn peri'r rhyfeddod mwyaf (9, 1452 a).

Wrth drafod *catharsis* gwelsom fel yr oedd Milton o dan ddylanwad dehonglwyr Eidalaidd o'r *Farddoneg*. 'Roedd yr un peth yn wir i raddau helaeth am draethawd Philip Sidney, *A Defense of Poesy* (c. 1583). Arweinydd amlwg yn y Dadeni yn yr Almaen oedd Philip Melanchthon, a fu'n Athro Groeg yn Wittenberg. Soniwyd amdano fel ' dysgawdwr i'r Almaen ' (*praeceptor Germaniae*), a sylfaen ddeublyg ei athrawiaeth oedd y Clasuron a Christnogaeth. Nid yw'n syn iddo honni bod i Drasiedi ddylanwad moesol drwy beri i'r enaid gwyllt fod yn gymedrol ac yn dosturiol.[51]

Yn y ddeunawfed ganrif rhoes y dramäwr a'r beirniad G. E. Lessing lawer o sylw yn yr Almaen i athrawiaethau Aristoteles. Mae'n trafod y ddrama yn ei *Hamburgische Dramaturgie* (1767-9), a chyn hynny, yn ei draethawd enwog *Laokoon* (1766) mae'n ceisio pennu'r ffiniau rhwng barddoniaeth ac arluniaeth (a cherfluniaeth). Ceir amryw fannau yn y *Farddoneg* lle cymherir y celfyddydau; mae Lessing hefyd yn rhoi sylw i osodiad Horas fod barddoniaeth yn debyg i arluniaeth: *ut pictura poësis*. Mae Lessing yn ymosod ar y farddoniaeth sy'n bodloni'n unig ar ddisgrifio neu bortreadu; gall arluniaeth, medd ef, wneud hynny'n llawer gwell. Fel y gwelsom uchod (t. 14) wrth drafod *Mimêsis*, mae John Morris-Jones yn derbyn athrawiaeth

---

[50] René Bray, *La Formation de la doctrine classique en France* (1927, ad--argr. Lausanne, 1931), 319; E. B. O. Borgerhoff, *The Freedom of French Classicism* (1950, ad-argr. Efrog Newydd, 1968), 63.
[51] Lane Cooper, op. cit., 127.

Lessing[52] nad oes le i hagrwch mewn celfyddyd gain. Unwaith y cyfeirir at Lessing (ar dud. 8),[53] a hynny mewn cysylltiad â thema cyffredinol *Laokoon;* ond mae dylanwad yr Almaenwr ar ei ymdriniaeth â hagrwch fel testun. Gwelsom hefyd fod John Morris-Jones yn cymhwyso at y delyneg y syniad o undod a welodd Aristoteles mewn Trasiedi (gw. t. 8). Mae'r ymlyniad wrth y *Farddoneg* yn eithaf trylwyr,[54] ond pwysir peth hefyd ar ramantwyr diweddar megis Watts-Dunton ac Edgar Allan Poe.[55] Cawn fod *Cerdd Dafod* (t. 114) yn cytuno â'r *Farddoneg* parthed urddas a chymesuredd arddull. Mae'n anghytuno, fodd bynnag (t. 119), ag awgrym Aristoteles yn ei bennod gyntaf fod sgrifennu barddonol yn bosibl heb fydr. I John Morris-Jones mae mydr yn anhepgor i farddoniaeth.

Ymddengys mai ysbeidiol ac achlysurol oedd dylanwad Aristoteles ar y traddodiad Cymraeg cynharach. Cyfeiriwyd o'r blaen at deyrngedau Wiliam Llŷn a Gruffydd Robert o Milan. Diau bod aml gyfeiriad arall ato,[56] ond prin bod tystiolaeth i effaith ei athrawiaeth. Nid yw Gramadeg Gruffydd Robert yn dilyn y *Farddoneg* mewn unrhyw ffordd; ac mae Gramadegau'r Penceirddiaid, sy'n tarddu, rai ohonynt, o'r bedwaredd ganrif ar ddeg, yn dilyn yn eu trafod ar y rhannau ymadrodd a chystrawen ' y gramadegau Lladin a ddefnyddid yn ysgolion yr Eglwys yn yr Oesoedd Canol, ac yn fwyaf arbennig, gramadegau Donatus a Phriscianus '.[57] Platonaidd, ar y llaw arall, yw natur eu dysgeidiaeth am foliant y prydydd.[58]

[52] *Laokoon* (argr. Insel Verlag, Frankfurt am Main, *Schriften,* II (1967)), Pennod 23, t. 132.
[53] Geraint Bowen, *Mynegai i Cerdd Dafod* (Aberystwyth, 1947), 8.
[54] cf., Thomas Parry, *Hanes Llenyddiaeth Gymraeg* (Caerdydd, 1964), 288.
[55] Gweler ymdriniaeth Huw Morris-Jones, *Y Gelfyddyd Lenyddol yng Nghymru* (Lerpwl, 1957), 40-52.
[56] cf., Saunders Lewis, gol. R. Geraint Gruffydd, *Meistri'r Canrifoedd* (Caerdydd, 1973), 233, 254, 286-7. 291-2. Llwyddodd Mr. Lewis i weld olion o athroniaeth Aristoteles hyd yn oed yng ngwaith Twm o'r Nant, ond heb awgrymu, wrth reswm, fod y dylanwad yn un uniongyrchol.
[57] G. J. Williams yn *Gramadegau'r Penceirddiaid,* gol. G. J. Williams ac E. J. Jones (Caerdydd 1934), xxxiv.
[58] Saunders Lewis, *Braslun o Hanes Llenyddiaeth Gymraeg* (Caerdydd, 1932), 55-65.

Yn y ganrif ddiwethaf ni bu'r *Farddoneg* heb rywfaint o barch ymysg llenorion Cymru. Mae Dafydd Ddu yn cyfeirio ati;[59] a dywed Huw Llewelyn Williams[60] am Caledfryn: 'Blair yw meistr Caledfryn a meistri Blair drachefn yw Aristotl a Quintilian'. Ond *Cerdd Dafod* John Morris-Jones yw prif golofn dylanwad y llyfr yng Nghymru.

Wedi nodi ychydig bwyntiau fel hyn dylwn bwysleisio mor enfawr yw'r maes. Ceir golwg fer ar y datblygiadau yn llyfr Lane Cooper, *The Poetics of Aristotle* (Boston, 1923). Rhai llyfrau sy'n manylu mwy yw'r rhai a ganlyn:

Lane Cooper ac Alfred Gudeman, A *Bibliography of the Poetics of Aristotle* (Cornell Studies in English, 11; New Haven, 1928).

Am yr Eidal:

Bernard Weinberg, A *History of Literary Criticism in the Italian Renaissance* (Dwy Gyfrol; Chicago, 1961).
Baxter Hathaway, *The Age of Criticism: The Late Renaissance in Italy.* (Efrog Newydd, 1962).

Am Ffrainc:

René Bray, *La Formation de la doctrine classique en France.* (Dijon, 1927).
R. Knight, *Racine et la Grèce* (Paris, 1950).

Am Loegr:

M. T. Herrick, *The Poetics of Aristotle in England.* (Efrog Newydd, 1930).

Am yr Almaen:

Max Kommerell, *Lessing und Aristoteles.* (Frankfurt am Main, 1957).

Er mai *hamartia* yw prif ddiddordeb J. M. Bremer yn ei lyfr *Hamartia* (Amsterdam, 1969), mae agweddau lletach i'w ymdriniaeth hanesyddol werthfawr.

---

[59] Huw Llewelyn Williams, *Safonau Beirniadu Barddoniaeth yng Nghymru yn y Bedwaredd Ganrif ar Bymtheg* (Llundain, heb ddyddiad, 1941(?)), 29.
[60] ibid., 132.

Aristoteles:

Am y Gelfyddyd Farddol

(A.) *Y RHAN GYNTAF* (*Penodau 1-5*)

Rhagymadrodd:

Barddoniaeth Epig, Trasiedi, a Chomedi
fel celfyddydau sy'n efelychu.

1

1447 a Traethwn am farddoneg ei hun a'r mathau ohoni,
gan ystyried pa nodwedd arbennig sydd i bob un;
a pha fodd y dylid dodi cynllun y stori ynghyd os
yw'r barddoni i fod yn dda; chwiliwn i nifer a natur
y rhannau, a'r un modd i unrhyw faterion eraill a
berthyn i'r un ymchwil, gan ddechrau, yn ôl trefn
natur, gyda'r egwyddorion cyntaf.

Mae Barddoniaeth Epig a Thrasiedi a Chomedi
hefyd a Barddoniaeth Ddithurambig[1] a'r rhan
fwyaf o gerddoriaeth y ffliwt a'r delyn oll yn
weddau ar efelychu, o'u hystyried yn gyffredinol.
Maent yn annhebyg i'w gilydd mewn tri pheth —
eu bod yn efelychu gyda gwahaniaeth yn y cyf-
ryngau, yn y gwrthrychau, ac yn y dulliau, heb fod
ganddynt yr un ffordd.

Oherwydd fel y ceir rhai personau yn dynwared
neu'n efelychu llawer peth drwy gyfrwng lliw a
ffurf (rhai o gelfyddyd, eraill o arfer fynych), neu
eraill eto drwy gyfrwng y llais, felly hefyd yn y
celfyddydau a grybwyllwyd, maent oll yn cyn-
hyrchu efelychiad mewn rhuthm ac iaith a
melodedd, gan ddefnyddio'r cyfryngau hyn naill ai
ar wahân neu mewn cyfuniad. Felly y bydd
cerddoriaeth y ffliwt a'r delyn yn defnyddio melod-

edd a rhuthm yn unig, a'r un modd rai celfyddydau
tebyg eu nodwedd, megis celfyddyd pibau'r bugail.
Rhuthm yn unig, heb felodedd, yw'r cyfrwng a
ddefnyddir yn efelychiadau'r dawnswyr (oherwydd
bydd dawnswyr hefyd yn efelychu cymeriad a
phrofiad a gweithred drwy gyfrwng rhuthmau
symudol). Y mae celfyddyd arall, sydd yn efelychu
drwy gyfrwng rhyddiaith yn unig, ac un arall drwy
gyfrwng mesurau barddonol, a bydd y mesurau hyn
1447 b hwythau naill ai yn gymysgedig neu yn perthyn i
un math, ond bu'r celfyddydau yma yn ddienw hyd
yn hyn. Oherwydd ni allem ag enw cyffredin ddi-
sgrifio mimau Sophron a Xenarchos a'r dialogau
Socrataidd, nac ychwaith pe gwnâi rhywun yr un
math o efelychiad drwy fesurau triban neu elegeiog
neu ryw fesur arall tebyg.

Ond bydd pobl yn cysylltu'r gwaith barddol â'r
mesur, a byddant yn galw rhai yn feirdd elegeiog
ac eraill yn feirdd epig, gan enwi'r beirdd nid yn
ôl yr efelychiad ond yn ddiwahaniaeth yn ôl y
mesur. Hyd yn oed wrth ddwyn allan rywbeth
meddygol neu ffusegol drwy gyfrwng mesurau
barddol, rhoir enwau barddol yn yr un modd. Ac
eto nid oes dim yn gyffredin i Homer ac Empedocles
ond y mesur; felly byddai'n gyfiawn galw'r naill yn
fardd, a'r llall yn ffusegwr yn hytrach nag yn fardd.
Ar yr un sail, pe cyfansoddai rhywun efelychiad
barddonol gan gymysgu'r mesurau i gyd, fel y
gwnaeth Chairemon ei *Centawros*, cerdd sy'n
gymysgedd o'r holl fesurau, dylid ei alw yntau yn
fardd. Gwahaniaether fel hyn felly yn y pethau
yma.

Y mae rhai celfyddydau sy'n defnyddio'r holl
gyfryngau a grybwyllwyd, fel rhuthm, tôn, a mesur;
felly Barddoniaeth Ddithurambig a Nomig[2] a
Thrasiedi hefyd a Chomedi. Maent yn gwahan-
iaethu yn hyn, bod y ddwy gyntaf yn defnyddio'r

holl gyfryngau gyda'i gilydd a'r ddwy olaf yn eu
defnyddio un ar y tro. Tebyg i hyn felly yr ystyriaf
wahaniaethau'r celfyddydau o ran y cyfryngau a
ddefnyddir ganddynt i greu efelychiad.

2

1448 a Gan fod y sawl sy'n efelychu yn efelychu dynion
yn gweithredu a bod yn rhaid i'r gweithredwyr hyn
fod yn aruchel neu yn wael (oherwydd y mae
cymeriad yn ymateb bron yn wastad i'r disgrifiad
hwn yn unig, am mai mewn drwg a da y bydd
dynion oll yn gwahaniaethu yn eu cymeriad),[3] yna
y mae'n rhaid eu hefelychu naill ai yn well na'r
rhelyw o ddynion neu yn waeth, neu yr un fath.[4]
Felly y gwna'r arlunwyr. Portreadodd Polugnotos
ddynion yn rhagorach na'r cyffredin, Pawson yn
waeth, a Dionusios yr un fath. Mae'n eglur y bydd
pob un o'r dulliau efelychu a grybwyllwyd yn
meddu'r gwahaniaethau hyn, a daw yn gelfyddyd
neilltuol drwy efelychu gwrthrychau sy'n gwahan-
iaethu fel hyn. Gall yr amrywiaethau yma godi
hefyd mewn dawnsio, canu'r ffliwt, a chanu'r delyn;
mewn iaith yn ogystal, boed ryddiaith neu fardd-
oniaeth ddigyfeiliant. Portreadir dynion gan Homer,
er enghraifft, yn well na'r cyffredin; gan Cleophon
yr un fath; ac yn waeth gan Hegemon y Thasiad, y
cyntaf i gyfansoddi parodïau, a chan Nicochares,
awdur y *Deilias*. Yr un modd y Dithurambau a'r
Nomau : gellid efelychu'r personau ynddynt yn
amrywiol, fel yn . . . (Argas?),[5] ac yn y Cuclopiaid
a ddarluniodd Timotheos a Philoxenos.[6] Yma'n
union y gorwedd y gwahaniaeth rhwng Trasiedi a
Chomedi : bydd Trasiedi yn ceisio portreadu
dynion yn well nag ydynt mewn bywyd, Comedi
yn waeth.

3

Trydydd gwahaniaeth yn y celfyddydau yma
ydyw'r modd y gall rhywun efelychu pob un o'r
gwrthrychau hyn. Oherwydd pan fo'r cyfryngau yn
un a'r gwrthrychau yn un, gall y bardd efelychu yn
gyntaf drwy adrodd yr hanes weithiau, a thrwy
gymryd arno, weithiau eraill, fod yn berson arall,
fel y gwna Homer; neu, yn ail, drwy aros yn ei
berson ei hun drwodd, heb ymnewid; neu, yn
drydydd, drwy gael yr holl efelychwyr i weithredu
fel rhai yn byw o'n blaen.

Amrywia efelychiad yn y tri pheth gwahaniaethol
hyn, fel y dywedwyd gennym ar y dechrau: y
cyfryngau a'r gwrthrychau a'r modd.

Felly, o un safbwynt, y mae Sophocles[7] yn efel-
ychydd o'r un math â Homer, gan eu bod ill dau
yn efelychu cymeriadau aruchel; o safbwynt arall
y mae o'r un math ag Aristophanes,[8] gan eu bod
ill dau yn efelychu dynion yn gweithredu ac yn
gwneud pethau. O hyn y dywed rhai y cafodd y
gweithiau yr enw 'dramâu', am eu bod yn efelychu
pobl yn gwneud pethau.[9] Am y rheswm hwn y mae'r
Doriaid yn hawlio Trasiedi a Chomedi. (Hawlir
Comedi gan y Megariaid, gan y rhai sydd yng
Ngroeg, sy'n honni iddi godi o dan eu democrat-
iaeth hwy, a chan y rhai sydd yn Sisilia, am mai
gŵr oddi yno oedd y bardd Epicharmos,[10] a sgrifen-
nai lawer yn gynharach na Chionides a Magnes.
Mae rhai o'r Peloponesiaid hefyd yn hawlio
Trasiedi). Honnir gan y Doriaid fod prawf yn y
geiriau. Dywedant mai *cômai* yw eu henw hwy ar
bentrefi, a bod yr Atheniaid yn eu galw'n *dêmoi;*
cymerant yn ganiataol ddarfod i'r Comedïwyr gael
eu henwi nid o'r gair *kômazein,* 'ymdaflu i
rialtwch', ond am iddynt grwydro o bentref i
bentref (*kata kômas*) oherwydd eu diarddel gan y

ddinas. Dywedant hefyd mai eu gair hwy am
1448 b 'wneud' yw *drân,* ac mai *prattein* yw gair yr
Atheniaid.

Bydd cymaint â hynny'n ddigon am nifer a natur
y dulliau amrywiol o efelychu.

4

Ymddengys i farddoniaeth yn gyffredinol gael ei
chenhedlu gan ddau achos arbennig, ill dau yn
reddfau naturiol. Yn gyntaf, mae efelychu yn
reddfol i ddynion o'u mebyd, ac yn hyn y mae'r
gwahaniaeth rhyngddynt a'r anifeiliaid eraill, eu
bod yn chwannog iawn i efelychu ac yn dysgu eu
gwersi cyntaf drwy gyfrwng efelychiad; a chânt oll
bleser mewn efelychiadau. Dangosir hyn gan bethau
sy'n digwydd yn ein profiad. Y mae gwrthrychau
sy'n peri poen inni pan edrychwn arnynt; ond
edrychwn ar ddarluniadau ohonynt, sy'n eu dyn-
wared yn fanwl, gyda phleser, megis ffurfiau'r
anifeiliaid mwyaf dirmygedig a chyrff meirw. A'r
rheswm drachefn am hyn yw bod y profiad o ddysgu
yn rhoi'r pleser mwyaf, nid yn unig i'r athronwyr,
ond i ddynion yn gyffredinol, er lleied eu rhan
ynddo. Dyma pam y cânt bleser wrth edrych ar
ddarluniadau, am eu bod wrth syllu yn dysgu a
chasglu'n rhesymegol ynglŷn â rhywbeth arbennig,
gan ddweud efallai, 'A, dyna hwn-a-hwn!'
Oherwydd os digwydd na welsant y gwreiddiol
ymlaen llaw, nid yr efelychiad sy'n rhoi'r pleser,
ond y caboli neu'r lliwio neu ryw achos tebyg.

Fel y mae efelychu yn reddf, felly hefyd yr ym-
deimlad o felodedd a rhuthm (ac mae'n amlwg fod
mydrau yn fathau ar ruthm). Yn y dechrau bu'r rhai
â dawn naturiol yn y pethau hyn yn ei datblygu'n
reddfol nes creu barddoniaeth o'u hymdrechion
difyfyr.

Ymrannodd barddoniaeth yn ôl nodweddion priod y beirdd. Byddai'r rhai mwy difrifol yn efelychu gweithredoedd uchelryw a gweithredoedd dynion o'r natur yma, a'r rhai mwy cyffredin yn efelychu gweithredoedd dynion gwael, gan greu dychangerddi i ddechrau, fel y byddai eraill yn creu emynau a molawdau. Ni allwn briodoli'r un gerdd ddychanol i neb o ragflaenwyr Homer, er ei bod yn debyg fod amryw awduron o'r fath yn eu plith. Os dechreuwn gyda Homer, cawn enghreifftiau megis y *Margites*[10a] ganddo ef ei hun, a phethau cyffelyb. Yn y cerddi hyn fel y mynnai addaster, esgorwyd hefyd ar y mydr iambig — yn wir gelwir ef o hyd yn fydr iambig am mai yn y mydr hwn y byddent yn 'iambeiddio' neu yn dychanu ei gilydd. Ac ymysg y beirdd gynt daeth rhai yn feirdd y cerddi arwrol ac eraill yn feirdd y cerddi dychanol.

Megis y rhagorai Homer fel bardd yn y dull aruchel (mae ar ei ben ei hun yn nisgleirdeb ei efelychiadau a hefyd yn eu nodwedd ddramatig), felly hefyd ef yn gyntaf a amlinellodd ffurf Comedi, drwy ddramateiddio nid yr agwedd ddychanol ond yr agwedd chwerthinllyd; y mae'r un berthynas rhwng y *Margites* a'n comedïau ag sydd rhwng yr *Iliad* a'r *Odusseia* a'n trasiedïau. Pan ymddangosodd 1449 a Trasiedi a Chomedi, bu dilynwyr y ddau ddosbarth barddonol yn gwneud bob un yn ôl ei dueddiadau ei hun. Daeth y dychanwyr yn ysgrifenwyr comedïau a'r beirdd epig yn ysgrifenwyr trasiedïau, am fod y ffurfiau hyn yn fwy eu hurddas a'u bri na'r lleill.

Cwestiwn arall yw ystyried a gyrhaeddodd Trasiedi safon ddigonol yn ei ffurfiau neu beidio, a barnu hynny ynddo ei hun ac mewn perthynas â'r theatrau.

Beth bynnag am hynny, cychwynnodd Trasiedi — a Chomedi hefyd — fel rhywbeth difyfyr.

Cychwynnodd Trasiedi gyda'r rhai a arweiniai'r
cerddi Dithurambig, a Chomedi gydag arweinwyr
y cerddi ffalig[11] a arferir eto mewn llawer o'n
dinasoedd. Datblygodd Trasiedi yn raddol, a'r
cyfansoddwyr yn perffeithio pob elfen a ddeuai'n
amlwg; ac ar ôl profi llawer cyfnewidiad, peidiodd
â thyfu pan gyrhaeddodd ei ffurf naturiol. Aischulos
oedd y cyntaf i gynyddu rhif yr actorion o un i
ddau. Lleihaodd ef hefyd ran y Côr, a rhoi'r lle
blaenaf i'r ymddiddan. Defnyddiodd Sophocles dri
actor a chychwyn golygfeydd. Daeth i Drasiedi
hefyd ei mawredd. Rhoes heibio'r stori fechan a'r
ymgom a barai chwerthin, drwy ddatblygu o'r ffurf
saturig,[12] ac enillodd, er yn hwyr yn ei hanes, naws
urddasol; y pryd hwn newidiodd y mesur o'r mydr
pedwar-ban trochaïg i'r mydr iambig. Defnyddid y
mydr cyntaf ar y dechrau am fod y farddoniaeth yn
saturig ac yn fwy cysylltiedig â dawnsio; ond pan
ddechreuodd ymddiddan, daeth natur ei hun o hyd
i'r mesur priodol; oherwydd o'r holl fesurau, y mesur
iambig sydd agosaf at siarad. Dangosir hynny gan
y ffaith ein bod wrth ymgomio â'n gilydd yn siarad
ar batrwm y mesur iambig yn aml, ond yn anaml
ar ffurf y mesur chweban — a hynny'n unig pan
fyddwn wedi ymwrthod â chywair ymddiddan
naturiol. Cynyddwyd yn enfawr nifer yr episodau
neu actau. Ac am yr addurniadau eraill a'r modd y
daethant yn ôl traddodiad, ni pherthyn i ni eu
trafod yma; gwaith hirfaith, yn ôl pob tebyg, fyddai
eu holrhain bob yn un.

5

Y mae Comedi, fel y crybwyllwyd, yn efelychiad o
ddynion gwaelach, eithr nid ar linell y drwg yn
gyfan gwbl, gan mai rhan yn unig o'r hagr yw'r
chwerthinllyd. Rhyw ddiffyg neu anffurfiad yw'r

elfen chwerthinllyd, ond un nad yw'n achosi poen
na niwed. Er enghraifft, mae'r benwisg gomig yn
hagr ac yn ŵyrdroëdig, eithr heb achosi poen.

Y mae'r cyfnewidiadau yr aeth Trasiedi drwy-
ddynt, a'r gwŷr a'u parodd, yn adnabyddus, ond
gan na thrinid Comedi yn ddifrifol o'r dechrau,
1449 b anhysbys yw ei hanes. Nid tan yn ddiweddar y
caniataodd yr Archon[13] Gôr o actorion mewn
comedi; datgeiniaid gwirfoddol a oedd ganddynt
gynt. Cawsai Comedi eisoes ffurfiau pendant pan
glybuwyd yn gyntaf am awduron Comedi fel y
cyfryw. Ni wyddys pwy a gychwynnodd y pen-
wisgoedd a'r prologau a'r lluosowgrwydd actorion,
a llawer o bethau cyffelyb. O Sisilia yn wreiddiol y
daeth yr arfer o lunio stori, ac ymysg yr Atheniaid,
Crates oedd y cyntaf i roi'r gorau i'r ffurf ddychanol
a llunio themâu a storïau cyffredinol.

Yr oedd Barddoniaeth Epig yn debyg i Drasiedi
yn ei hefelychiad, mewn geiriau a mydr, o weith-
redoedd aruchel. Gwahaniaethant yn y ffaith na
ddefnyddir ond un math o fydr gan y bardd epig ac
yn ei ymlyniad wrth y dull o adrodd stori. Maent
yn gwahaniaethu hefyd mewn hyd : mae'n Trasiedi'n
ymdrechu, hyd y gall, i'w chyfyngu ei hun i'r amser
a gymer un troad o'r haul, neu rywle yn agos at
hynny; ond nid oes i Farddoniaeth Epig unrhyw
gyfyngiad mewn amser. Dyma, felly, bwynt arall
gwahaniaethol; er i drasiedïau a cherddi epig ar y
dechrau fod yn debyg yn y materion hyn. Mae rhai
o'u helfennau yn gyffredin i'r ddwy, eraill yn briod
i Drasiedi. Pwy bynnag, felly, a ŵyr ba beth sy'n
wych neu'n wael mewn Trasiedi, gŵyr hynny hefyd
am weithiau Epig. Oherwydd y mae holl elfennau'r
Epig mewn Trasiedi; ond ni cheir holl elfennau
Trasiedi mewn Epig.

(B) YR AIL RAN (*Penodau 6-18*)

Trasiedi:
Ei natur, ei helfennau, a'i chynllun

6

Fe ddywedwn rywbeth maes o law am yr efelychu mewn barddoniaeth chweban[14] a hefyd am Gomedi. Fe drafodwn Drasiedi yn awr, gan ail-afael yn y diffiniad o'i natur sy'n codi o'r hyn a ddywedwyd yn barod.

Efelychiad, felly, yw Trasiedi o ddigwydd aruchel a chyflawn, sy'n meddu ar faintioli; mewn iaith a felysir gan bob math o addurn, a'r mathau gwahanol mewn rhannau gwahanol o'r gwaith; mae'n efelychu dynion yn gweithredu, ac nid drwy adrodd eu hanes; a thrwy dosturi ac ofn y mae'n gweithio allan deimladau o'r fath.[15] Wrth iaith a felysir, golygaf iaith sy'n cynnwys rhuthm a melodedd, ac wrth fathau gwahanol mewn rhannau gwahanol, golygaf y llunnir rhai rhannau drwy fydr yn unig, ac eraill drachefn drwy gân.

Gan mai dynion yn gweithredu sy'n gwneud yr efelychiad, mae'n dilyn yn y lle cyntaf o anghenraid fod darpariad yr arddangosiad (ar y llwyfan) yn rhan o drasiedi; yna'r caneuon a'r iaith, oherwydd drwy'r cyfryngau hyn y gwneir yr efelychiad. Wrth iaith golygaf yn unig y modd y trefnir y geiriau yn fydryddol; ac wrth ganeuon, golygaf yr hyn sy'n gwbl eglur. Gan fod Trasiedi yn efelychiad o ddigwydd, fe'i gweithredir gan ddynion yn gweithredu; a rhaid yw i'r rhain feddu rhyw arbenigrwydd

1450 a mewn cymeriad a meddwl (oherwydd y ddau beth yma sy'n pennu natur y digwyddiadau eu hunain, a dibynna pob llwyddiant neu aflwyddiant ar yr achosion hyn). Efelychiad o'r digwydd ydyw'r stori. Ac wrth y stori golygaf sut y dodir y digwyddiadau at ei gilydd; ac wrth gymeriad golygaf yr hyn sy'n ein galluogi i ddweud pa fath rai yw gweithredwyr y digwyddiadau. A meddwl yw'r hyn a amlygir pan fydd y siaradwyr yn profi rhywbeth neu yn datgan rhyw syniad cyffredinol. Felly rhaid i bob trasiedi feddu chwe rhan, ac ohonynt hwy y cyfyd nodweddion y drasiedi; y rhannau hyn yw'r stori a'r cymeriadau a'r iaith a'r meddwl a'r arddangosiad a'r canu. Cyfryngau'r efelychu yw dwy o'r rhannau, modd yr efelychu yw un ohonynt, ac mae tair rhan yn ymwneud â gwrthrychau'r efelychu. Ac nid oes rhan arall ar wahân i'r rhain. Mae'r beirdd bron i gyd wedi defnyddio'r elfennau hyn; ac mae i bob drama ei harddangosiad a'i chymeriadau a'i stori a'i hiaith a'i chanu a'i meddwl.

A'r bwysicaf ohonynt yw saernïaeth y digwyddiadau. Oherwydd mae Trasiedi yn efelychiad nid o ddynion, ond o ddigwyddiadau ac o fywyd.[16] Ni bydd dynion yn gweithredu ar y llwyfan er mwyn gosod allan eu cymeriadau; ond dangosant y cymeriadau yn sgîl dangos y gweithredoedd. Felly, nod Trasiedi yw'r digwyddiadau a'r stori; a'r nod yw'r peth pwysicaf oll. Heb ddigwydd ni fyddai trasiedi yn bosibl; byddai'n bosibl heb gymeriadau. Mae trasïedïau y rhan fwyaf o'r beirdd diweddar yn colli yn eu cymeriadau, a gellid dweud rhywbeth tebyg am lawer o feirdd yn gyffredinol. Ymhlith yr arlunwyr hefyd ceir peth tebyg, ac enghraifft ohono yw'r gwahaniaeth rhwng Zewxis a Polugnotos: bydd Polugnotos yn darlunio cymeriadau yn dda; ond mae gwaith Zewxis yn amddifad o'r gallu hwn. Eto, pe byddai dyn yn cysylltu â'i gilydd res o

ymddiddanion yn mynegi cymeriad, a'u hiaith a'u
meddwl yn orffenedig, ni chynhyrchai hyn mo'r
effaith sy'n perthyn i Drasiedi, ond gellid ei chyn-
hyrchu lawer yn well gan ddrama a fai'n ddiffygiol
yn yr elfennau hyn pe byddai ganddi stori a saer-
nïaeth o ddigwyddiadau. Ymhellach, mae'r pethau
sy'n cyffroi'r teimladau yn fwy na dim mewn trasiedi
yn rhannau o'r stori — y Gwrthdroadau a'r Dargan-
fyddiadau. Prawf arall yw bod y rheini sy'n bwrw
prentisiaeth yn y gelfyddyd yn medru meistroli
iaith a phortread cymeriad o flaen saernïaeth y
digwyddiadau, megis gyda'r beirdd cynnar bron i
gyd. Y stori, felly, yw dechreuad ac megis enaid
Trasiedi; ac yn ail y daw cymeriad. (Gwelir peth
tebyg mewn arluniaeth. Pe bai dyn yn gosod i lawr
1450 b rysedd anniben o'r lliwiau harddaf, ni roddai
gymaint o bleser ag amlinelliad syml mewn du-a-
gwyn). Mae Trasiedi felly yn efelychiad o
ddigwydd, ac oherwydd hynny'n bennaf y mae'n
efelychu gweithredwyr y digwydd. Yn drydydd,
daw meddwl, sef y gallu i ddweud yr hyn sy'n
bosibl ac yn gymwys; yn yr areithiau mewn trasiedi
dyma briod waith celfyddydau gwleidyddiaeth a
rheitheg. Byddai'r hen feirdd yn peri i'w cymeriadau
siarad yn wleidyddol, tra bydd beirdd heddiw yn
rhoi iddynt ymddiddanion rheithegol. Cymeriad
yw'r peth hwnnw sy'n dangos natur y dewisiad
moesol — felly, nid yw'r ymddiddan yn mynegi
cymeriad pan na bo'r siaradwr yn ceisio nac yn
osgoi dim yn y byd. Ceir meddwl, ar y llaw arall,
pan brofir bod rhywbeth neu nad yw'n bod, neu
pan eglurir rhyw egwyddor gyffredinol.

Y bedwaredd elfen yw iaith y siarad; golygaf
wrth hynny, fel y dywedwyd eisoes, y mynegiant o
ystyr mewn geiriau, a'r un yw ei hanfod mewn mydr
ag mewn rhyddiaith.

O blith yr elfennau eraill, y canu sy'n rhoi'r

addurniad melysaf. Gwir bod yr arddangosiad yn cyffroi'r teimladau, ond dyma'r elfen leiaf artistig a'r un sy bellaf oddi wrth briod waith barddoniaeth. Oherwydd mae grym Trasiedi i'w deimlo ar wahân i'r cyflwyniad mewn cystadleuaeth ac ar wahân i'r actorion. Ymhellach, mae cynhyrchu effeithiau theatraidd yr arddangosiad yn dibynnu mwy ar gelfyddyd y trefnydd gwisgoedd nag ar gelfyddyd y bardd.

7

Ar ôl gwahaniaethu fel hyn siaradwn yn awr am y nodweddion a ddisgwylir yn saernïaeth y digwyddiadau, gan mai hon yw'r elfen gyntaf a phwysicaf mewn Trasiedi. Penderfynwyd gennym fod Trasiedi yn efelychiad o ddigwydd sy'n gyflawn a chyfan ac iddo fesur o faintioli. Cyfanwaith yw'r hyn sy'n meddu dechreuad a chanol a diwedd. Dechreuad yw'r hyn nad yw'n dilyn peth arall drwy reidrwydd, ond yr hyn y bydd peth arall yn codi'n naturiol ohono neu yn dod i fod. Diwedd, ar y llaw arall, yw'r hyn sydd ei hun yn codi'n naturiol ar ôl rhyw-beth arall naill ai drwy reidrwydd neu drwy'r ffordd arferol,[18] ac na ddaw dim ar ei ôl. Canol yw'r hyn sydd wrth natur yn dilyn rhywbeth arall ac yn dwyn rhywbeth arall i'w ddilyn ef ei hun. Y sawl sydd am saernïo'r stori'n dda, ni ddylai na dechrau na diweddu rywsut rywsut, eithr dilyn yr egwyddorion a grybwyllais.

Eto, dylai gwrthrych hardd, pa un ai creadur byw ydyw neu gyfanwaith a gyfansoddir gan nifer o elfennau, nid yn unig gynnwys ei elfennau mewn ffurf drefnus, eithr hefyd feddu maintioli arbennig; oherwydd o faintioli a threfn y daw harddwch. Felly, ni allai creadur bychan iawn fod yn hardd (gan y drysir ein gallu i weld pan gyfyngir ef i

1451 a foment annirnadwy o amser), na chreadur anferth
chwaith (oherwydd ni ddaw golwg ar y cyfan ohono
ar unwaith, a bydd yr edrychwyr yn colli'r ym-
wybod o undod a chyfanrwydd yr hyn a welir): er
enghraifft, pe gwelem greadur mil o filltiroedd
Heracleïd a *Theseïd* a gweithiau o'r fath. Tybiant,
mewn hyd. Fel y mae'n rhaid i gorff difywyd neu i
greadur fod yn fawr, os am fod yn hardd, ac eto'n
hawdd i'w weld i gyd ar unwaith, felly gyda'r stori,
rhaid wrth hyd, a rhaid i'r hyd fod yn hawdd i'w
dderbyn gan y cof. Nid yw pennu'r hyd, gyda
golwg ar gyflwyniad mewn cystadleuaeth ac ar
allu'r gynulleidfa i dderbyn, yn rhan o'r feirniadaeth
ar y gelfyddyd; oherwydd pe bai'n ofynnol i gant o
drasiedïau gystadlu â'i gilydd, yna defnyddid
clociau dwfr wrth gystadlu, fel y dywedir am rai
achlysuron eraill.[19] Eithr y cyfyngiad sy'n codi o
natur y peth ei hun ydyw mai po hwyaf y ddrama,
harddaf oll y bydd yn herwydd ei hyd, ar yr amod
ei bod yn eglur. Ac i ddiffinio'r mater yn fras,
cyfyngiad digonol ar yr hyd ydyw cymaint ag a
rydd gyfle i'r newid ddigwydd, yn unol â rheol
tebygolrwydd neu reidrwydd, o drueni i dded-
wyddwch neu o ddedwyddwch i drueni.

8

Ni ddaw undod i stori, fel y tyb rhai, am ei bod
ynglŷn ag un person. Oherwydd bydd lliaws o
bethau amrywiol yn digwydd i un person, ac ni
ddaw rhai ohonynt o fewn cylch undod; yn yr un
modd, llawer yw gweithredoedd un person, ac ni
ellir ohonynt un weithred. Felly, ymddengys i'r
beirdd hynny oll gyfeiliorni a gyfansoddodd
Heracleïd a *Theseïd* a gweithiau o'r fath. Tybiant,
am mai un person oedd Heracles, y dylai ddilyn

fod y stori amdano hefyd yn undod. Ond ym-
ddengys bod Homer, megis y rhagorodd mewn
pethau eraill, naill ai drwy gelfyddyd neu drwy
athrylith naturiol, wedi canfod y gwirionedd hwn
hefyd yn ddisglair. Oblegid wrth sgrifennu'r
Odusseia ni sgrifennodd am bob digwyddiad a
ddaeth i ran Odussews, megis am ei glwyfo ym
Mharnassos neu amdano'n ffugio bod allan o'i gof
oherwydd galw'r fyddin ynghyd[20] — digwyddiadau
nad oedd rheidrwydd neu debygolrwydd yn peri i'r
naill ddilyn y llall; ond cododd yr *Odusseia* o
gwmpas thema a gyfrifwn ni yn undod, ac yn yr un
modd yr *Iliad*. Am hynny, fel y mae'r efelychiad yn
y celfyddydau efelychiadol eraill yn undod pan
efelychir un gwrthrych, felly rhaid i'r stori, am ei
bod yn efelychiad o ddigwydd, efelychu un
digwydd, a hwnnw'n gyfan; a rhaid i rannau'r hanes
gydio gyda'i gilydd yn y fath fodd fel y dinistrir ac
y terfir y cyfan o symud neu gymryd allan unrhyw
ran. Oherwydd y peth na wna wahaniaeth amlwg
o fod yn bresennol neu'n absennol, nid yw'r peth
hwnnw'n rhan organig o'r cyfanwaith.

9

Mae'n amlwg hefyd oddi wrth yr hyn a ddywedwyd
nad adrodd yr hyn a ddigwyddodd yw gwaith
bardd, eithr yr hyn a allai ddigwydd, yr hyn sy'n
bosibl yn ôl rheol tebygolrwydd neu reidrwydd.
Nid mewn traethu â mydr neu heb fydr y gorwedd
1451 b y gwahaniaeth rhwng yr hanesydd a'r bardd, gan y
gellid gosod gweithiau Herodotos ar fydr, ac er
hynny byddai eto'n fath o hanes, gyda mydr neu
heb fydr. Mae'r gwahaniaeth yn hyn, bod y naill yn
adrodd yr hyn a ddigwyddodd, a'r llall yr hyn a
allai ddigwydd. Am hynny y mae barddoniaeth yn
fwy athronyddol a difrifol na hanes; oherwydd

bydd barddoniaeth yn mynegi'r cyffredinol, tra bydd hanes yn mynegi'r neilltuol. Y cyffredinol ydyw'r modd y bydd person o gymeriad arbennig yn siarad neu'n gweithredu, yn ôl rheol tebygolrwydd neu reidrwydd; ac at hyn y bydd barddoniaeth yn anelu wrth roi enwau i'r personau.[21] Y neilltuol, er enghraifft, yw'r hyn a wnaeth neu a brofodd Alcibiades. Mae hyn yn amlwg eisoes mewn Comedi; byddant yn dodi'r stori at ei gilydd ar linellau'r tebygol ac yna'n ychwanegu enwau a ddaw i'w meddwl, ac nid fel y sgrifennai'r dychanwyr am bersonau arbennig.[22] Mewn Trasiedi bydd yr awduron yn cadw at yr enwau arferedig; a'r rheswm yw mai'r posibl sy'n gredadwy. Am yr hyn na ddigwyddodd, nid ydym eto'n sicr ei fod yn bosibl; ond mae'n eglur fod yr hyn a ddigwyddodd yn bosibl; oherwydd ni fuasai wedi digwydd pe bai'n amhosibl. Eto ceir rhai trasiedïau lle nad oes ond un neu ddau enw adnabyddus a'r enwau eraill yn rhai ffug. Mewn trasiedïau eraill ni cheir yr un enw adnabyddus, megis yn *Anthews* Agathon.[23] Oherwydd yn hon mae'r bardd wedi creu'r digwyddiadau a'r enwau fel ei gilydd, ac ni fyddant am hynny'n rhoi llai o bleser. Ni ddylid felly geisio glynu'n ddieithriad wrth y storïau traddodiadol sy'n destun mwyafrif y trasiedïau. Yn wir ffolineb fyddai ceisio gwneud hynny, gan mai i ychydig y mae hyd yn oed y storïau adnabyddus yn adnabyddus, ac eto rhoddant bleser i bawb.

Mae'n eglur oddi wrth hyn y dylai'r bardd fod yn grëwr[24] y storïau yn hytrach na'r mydrau; oherwydd y mae'n fardd yn ôl ei allu i efelychu, ac mae'n efelychu gweithredoedd. Ac os digwydd iddo farddoni ynghylch pethau a ddigwyddodd mewn gwirionedd, nid yw'n llai o fardd, gan nad oes dim i rwystro rhai pethau a ddigwyddodd rhag bod yn gyfryw ag y mae'n debygol iddynt ddigwydd; ac yn ôl y nodwedd hon ynddynt y mae ef yn farddgrëwr iddynt.

O blith y storïau a'r mathau o ddigwydd sydd yn syml, y rhai episodig yw'r gwaethaf. Wrth stori episodig, golygaf stori lle nad oes na thebygolrwydd na rheidrwydd yn peri i'r episodau ddilyn ei gilydd. Cyfansoddir rhai felly gan feirdd gwael oherwydd eu diffyg cynhenid, a chan feirdd da oherwydd ymgais i fodloni'r actorion; oblegid wrth sgrifennu gweithiau cystadleuol ac estyn y stori y tu hwnt i'w therfynau priod, gorfodir hwy'n fynych i wyrdroi'r drefn naturiol.

Eto, mae Trasiedi yn efelychiad nid yn unig o 1452 a ddigwydd cyflawn, ond hefyd o bethau a bair ofn a thosturi, a gwneir hyn orau pan ddigwydd y pethau yn groes i'r disgwyl a phan fydd y naill ddigwyddiad yn arwain at y llall. Bydd y rhyfeddod felly'n fwy na phe digwyddent ohonynt eu hunain a thrwy ddamwain; oherwydd o blith digwyddiadau damweiniol, ymddengys mai'r rhyfeddaf yw'r rhai sy'n rhoi argraff o bwrpas. Fel enghraifft, gallwn gymryd y modd y bu i gerflun Mitus yn Argos ladd y person a barodd farwolaeth Mitus. Syrthiodd y cerflun arno pan edrychai ef tuag ato. Nid ymddengys bod pethau fel hyn yn digwydd drwy hap yn unig. Felly rhaid mai storïau o'r natur yma yw'r gorau.

10

Mae rhai storïau yn syml ac eraill yn gymhleth, ac mae'r un peth yn wir am y digwyddiadau y mae'r storïau yn efelychiadau ohonynt. Wrth ddigwydd syml, golygaf un sy'n dal at ei gilydd ac yn undod fel y diffiniwyd uchod; un hefyd y mae'r newid yn digwydd ynddo heb Wrthdro neu Ddarganfyddiad; mewn un cymhleth ceir y newid gyda'r Gwrthdro

neu'r Darganfyddiad, neu'r ddau. Rhaid i'r elfennau
hyn godi o saernïaeth fewnol y stori, fel y bydd
popeth sy'n digwydd yn dilyn o reidrwydd neu
debygolrwydd yr hyn a ddigwyddodd cyn hynny.
Canys mae cryn wahaniaeth rhwng bod peth yn
digwydd *oherwydd* rhywbeth arall a'i fod yn
digwydd *ar ôl* y peth hwnnw.

11

Y Gwrthdro yw newidiad y digwydd, megis y
crybwyllwyd,[25] i gyfeiriad llwyr wahanol, a hyn, fel
y dywedwn, yn ôl rheol tebygolrwydd neu
reidrwydd. Ceir enghraifft yn yr *Oidipws*: daw dyn
i galonogi Oidipws ac i'w ryddhau o'i ofn ynglŷn â'i
fam, ond drwy amlygu pwy ydyw, cynhyrcha'r
effaith wrthgyferbyniol.[26] Ac yn *Luncews*[27] arweinir
Luncews ymaith i'w farwolaeth; mae Danäos yn ei
ddilyn gyda'r bwriad o'i ladd; ond canlyniad y
digwydd yw mai Danäos a leddir ac mai Luncews
a arbedir. Y Darganfyddiad, fel yr arwydda'r gair,
yw'r newid o anwybodaeth i adnabyddiaeth neu i
gariad neu elyniaeth ymysg y cymeriadau a
dynghedwyd i ddedwyddwch neu i drueni. Mae'r
Darganfyddiad ar ei orau pan fo Gwrthdro yn
digwydd yr un pryd, fel y mae'n wir yn yr *Oidipws*.
Ceir hefyd fathau eraill o Ddarganfyddiad: gall
hyd yn oed wrthrychau difywyd a phethau dam-
weiniol fod weithiau yn ganolbwynt y Dargan-
fyddiad; eto, gellir darganfod a wnaeth rhywun
rywbeth neu beidio. Ond y math a grybwyllwyd
gyntaf sy'n cyffwrdd fwyaf â'r stori a'r digwydd.
1452 b Bydd y math hwn o Ddarganfyddiad, gyda'r Gwrth-
dro, yn cynhyrchu tosturi neu ofn — effeithiau sy'n
agos at hanfod yr efelychiad mewn Trasiedi,
oherwydd o gwmpas digwyddiadau fel hyn y bydd

adfyd a dedwyddwch yn troi. Gan fod y Dargan-
fyddiad yn digwydd rhwng personau, gall ddigwydd
fod y naill berson yn unig yn adnabod y llall, pan
fo'r cyntaf yn adnabyddus yn barod, neu bydd
angen i'r ddwy ochr ddod i adnabod ei gilydd. Felly
adnabuwyd Iphigeneia gan Orestes drwy anfon y
llythyr; ond hawliai ei adnabod ef gan Iphigeneia
Ddarganfyddiad arall.

Mae dwy adran o'r stori, felly, — y Gwrthdro a'r
Darganfyddiad — o'r math hwn. Trydedd ran yw'r
Dioddef. O'r rhannau hyn ymdriniwyd eisoes â'r
Gwrthdro a'r Darganfyddiad. Digwydd dinistriol
neu boenus yw'r Dioddef, megis angau o flaen ein
llygaid, ac arteithiau corfforol a chlwyfau a phethau
tebyg.

12

Soniasom o'r blaen am y rhannau mewn Trasiedi
y dylid eu trafod fel ffurfiau cyffredinol. Yn nesaf
deuwn at yr adrannau unigol y rhennir Trasiedi
iddynt, sef Prolog, Episod, Ecsodos, a'r Rhan
Gorawl; ac ymranna'r Rhan Gorawl yn Parodos a
Stasimon. Dyma'r canu sy'n gyffredin i'r dramâu oll;
mae'r canu a ddaw o'r llwyfan, a'r Commoi, yn
arbennig i rai.

Y Prolog yw'r cwbl o'r drasiedi a ddaw o flaen
Parodos y Côr; yr Episod yw'r cwbl o'r drasiedi a
ddaw rhwng dwy gerdd gorawl gyflawn; yr Ecsodos
yw'r cwbl o'r drasiedi na ddaw cerdd gorawl ar ei
ôl. Yn y Rhan Gorawl, y Parodos ydyw'r cyntaf o'r
datganiadau cyfain a rydd y Côr. Y Stasimon yw'r
gerdd gorawl sydd heb fydr anapaistig a throchaïg,[28]
a'r Commos yw'r alarnad sy'n gyffredin i'r Côr ac
i'r rhai sydd ar y llwyfan. Soniwyd eisoes am y
rhannau o'r drasiedi y dylid eu trafod fel ffurfiau
cyffredinol. Y rhai a drafodwyd yn awr yw'r adran-
nau unigol y rhennir Trasiedi iddynt.

Yn dilyn yr hyn a ddywedasom yn awr, rhaid
trafod pa beth y dylid anelu ato ac ymochel rhagddo
wrth ddodi'r stori at ei gilydd; ac o ba le y daw
effaith briod Trasiedi. Dylai cynllun y drasiedi orau
fod nid yn syml, ond yn gymhleth. Dylai hefyd
efelychu gweithredoedd sy'n cynhyrchu ofn a
thosturi (gan mai hwn yw nod angen yr efelychu a
geir mewn Trasiedi). Mae'n eglur felly yn y lle
cyntaf na ddylid arddangos dynion rhinweddol yn
ymsymud o ddedwyddwch i drueni, oherwydd nid
yw hyn yn deffro ofn na thosturi, ond ffieidd-dod
yn unig.[29] Ni ddylid chwaith arddangos y drwg yn
ymsymud o adfyd i ddedwyddwch, oherwydd
dyma'r olygfa sy bellaf o bob un oddi wrth ysbryd
Trasiedi; nid yw'n meddu yr un o'r angenrheidiau:
1453 a nid yw'n bodloni'r teimlad dynol ac nid yw'n deffro
na thosturi nac ofn. Ni ddylid drachefn arddangos y
cwbl ddrygionus yn syrthio o ddedwyddwch i
drueni. Byddai cynllun o'r fath yn bodloni'r teimlad
dynol, ond ni byddai'n deffro na thosturi nac ofn;
oherwydd deffroir tosturi pan ddaw trueni i rywun
nas haeddodd, ac ofn pan ddaw trueni i rywun
tebyg i ni. Bydd tosturi ynglŷn â rhywun na
haeddodd ddrwg, ac ofn ynglŷn â rhywun tebyg i
ni; felly ni fyddai sefyllfa o'r fath yn peri tosturi
nac ofn. Y mae'n aros y cymeriad rhwng yr eithafion
hyn: y dyn sydd heb fod yn rhagori'n amlwg mewn
rhinwedd a chyfiawnder, ond sy'n ymsymud i
drueni nid oherwydd drwg neu bechadurusrwydd,
eithr oherwydd rhyw ddiffyg.[30] Rhaid iddo fod yn
un o'r rhai sy'n mwynhau enwogrwydd a dedwydd-
wch, megis Oidipws a Thuestes a dynion amlwg o
deuluoedd tebyg.

Rhaid felly i'r stori dda fod yn unplyg yn hytrach
nag yn ddyblyg fel y dywed rhai, a dylai'r newid
fod, nid o drueni i ddedwyddwch, ond fel arall, o

ddedwyddwch i drueni, nid oherwydd drygioni ond
oherwydd rhyw ddiffyg mawr mewn cymeriad tebyg
i'r hwn a amlinellwyd gennym, neu yn well na hyn
yn hytrach nag yn waeth. Profir hyn gan arfer y
llwyfan ei hun. Yn y dechrau ail-adroddai'r beirdd
unrhyw stori a ddeuai i'w meddwl; ond yn awr
sylfaenir y trasiedïau gorau ar hanes ychydig deulu-
oedd, megis yr hanesion am Alcmeon ac Oidipws
ac Orestes a Meleagros a Thuestes a Telephos a
chynifer eraill ag y darfu iddynt ddioddef neu
wneuthur pethau erchyll. Daw'r drasiedi orau, felly,
yn ôl rheolau celfyddyd o gynllun fel hwn. Am
hynny, ar fai y mae'r rheini sy'n beirniadu
Ewripides am wneud hyn yn ei drasiedïau a pheri
i'r rhan fwyaf ohonynt orffen yn drist. Mae diwedd
o'r fath, fel y dywedasom, yn iawn. Y prawf gorau
yw mai trasiedïau o'r math yma, os cyflwynir hwy'n
dda, sy'n ymddangos y mwyaf trasiedïol ar y
llwyfan ac yn y cystadleuthau; a theimlir am
Ewripides, hyd yn oed os yw'n methu saernïo ei
ddramâu yn dda yn gyffredinol,[31] eto mai ef yw'r
mwyaf trasiedïol o'r beirdd.

Yn ail y daw'r math o drasiedi a osodir yn gyntaf
gan rai; mae iddi gynllun dyblyg fel yr *Odusseia*, a
dyry derfyniad gwahanol i'r cymeriadau da a drwg.
Cyfrifir hi yn gyntaf oherwydd gwendid y gynull-
eidfa, am fod y bardd yn ymostwng i wneud yn ôl
dymuniad y gynulleidfa. Nid y pleser a ddaw o
Drasiedi yw'r pleser a geir fel hyn, eithr hwnnw yn
hytrach sy'n briodol i Gomedi. Mewn Comedi y
mae'r rhai sy'n elynion ffyrnig yn y stori, megis
Orestes ac Aigisthos, yn gadael y llwyfan fel
cyfeillion, ac ni leddir neb gan neb arall.

1453 b Gellir peri ofn a thosturi drwy'r arddangosiad, ond
gallant darddu hefyd o'r saernïaeth fewnol a roir
i'r digwyddiadau; a'r olaf yw'r ffordd amgenach a
nod y bardd gorau. Dylid saernïo'r stori ar wahân
i'r hyn a welir, yn y fath fodd ag i beri bod y neb a
glywo'r digwyddiadau yn dod i ben yn dychrynu
ac yn tosturio oherwydd yr hanes. Dyma'r hyn a
deimlai dyn wrth glywed stori Oidipws. Ond mae
cynhyrchu'r effaith hon drwy'r arddangosiad yn llai
artistig ac yn dibynnu ar gynorthwyon allanol. Ac
mae'r rhai sy'n cynhyrchu drwy'r arddangosiad
ymdeimlad nid o ofn, ond o wrthuni, ymhell oddi
wrth anian Trasiedi. Ni ddylid ceisio o Drasiedi
bob math o bleser, ond y pleser sy'n briodol iddi.
A chan y dylai'r bardd gynhyrchu'r pleser a ddaw
o dosturi ac ofn drwy efelychiad, mae'n amlwg y
dylid argraffu'r nodwedd hon ar y digwyddiadau.

Gadewch inni benderfynu, gan hynny, pa am-
gylchiadau a ymddengys i ni yn ofnadwy neu'n
druenus. Rhaid i weithredoedd o'r fath ddigwydd
rhwng cyfeillion neu elynion neu rai nad ŷnt yr un
o'r ddau. Os bydd gelyn yn gwneud y peth i elyn,
nid oes dim i gyffroi tosturi yn y weithred na'r
bwriad, ond i'r graddau y mae'r dioddef ynddo'i
hun yn fater tosturi. Felly hefyd gyda phersonau
sydd heb fod yn gyfeillion nac yn elynion. Ond pan
fo'r digwyddiadau trist rhwng cyfeillion — os
lleddir, neu os bwriedir lladd, brawd gan frawd, neu
dad gan fab, neu fab gan fam, neu fam gan fab,
neu os gwnânt unrhyw weithred o'r math hwn, —
am hyn y dylai'r bardd chwilio.

Ni ddylai newid y storïau traddodiadol; er
enghraifft, darfod lladd Clutaimnestra gan Orestes,[32]
ac Eriphule gan Alcmeon,[33] ond dylai ddangos
gwreiddioldeb a thrin y deunydd traddodiadol yn
gelfydd.

Gadewch inni ddangos yn gliriach pa beth a olygwn wrth ymdriniaeth gelfydd. Gall y weithred ddigwydd fel yn nramâu'r hen feirdd, a'r cymeriadau'n sylweddoli ac yn gwybod popeth, fel hefyd y portreadodd Ewripides Medea yn lladd ei phlant.[34] Neu gellir cyflawni'r weithred ddychrynllyd mewn anwybodaeth, a bod iddynt wedyn ddarganfod y berthynas, megis Oidipws Sophocles. Yma, mae'n wir, y mae'r weithred y tu allan i'r ddrama;[35] mewn enghreifftiau eraill y mae y tu mewn i'r ddrama ei hun, megis *Alcmeon* Astudamas,[36] neu Telegonos yn *Odussews yn ei Glwyfau*.[37] Trydydd posibilrwydd yw bod rhywun sydd ar fin cyflawni, mewn anwybodaeth, weithred farwol, yn darganfod y gwir cyn gweithredu. Nid oes lwybr arall ar wahân i'r rhain. Rhaid bod cyflawni'r weithred neu beidio, a'i chyflawni mewn gwybodaeth neu anwybodaeth.

O'r dulliau hyn, y gwaethaf yw bod dyn yn gwybod popeth ac ar fin gweithredu, a'i fod wedyn yn peidio â gwneud. Mae'n ffiaidd, ond nid yw'n drasiedïol, gan na cheir dioddef. Am hynny prin y bydd bardd yn darlunio hyn o gwbl, oddieithr yn dra anaml. Enghraifft ydyw Haimon yn bygwth
1454 a lladd Creon yn yr *Antigone*.[38] Yr ail ffordd ydyw bod cyflawni'r weithred. Gwell fyth ydyw bod cyflawni'r weithred mewn anwybodaeth, a bod darganfod y gwir wedyn. Nid ychwanegir yr elfen o ffieidd-dod, ac mae'r Darganfod yn drawiadol. Y ffordd olaf yw'r orau, fel pan fydd Merope yn y *Cresphontes*[39] yn bwriadu lladd ei mab, ond nad yw'n gwneud, eithr yn darganfod pwy ydyw. Felly hefyd yn yr *Iphigeneia* y daw'r chwaer i adnabod ei brawd,[40] ac yn yr *Hel'le*[41] y mae'r mab yn bwriadu traddodi ei fam i'w gelyn, ond adnebydd hi mewn pryd. Dyma'r rheswm, fel y dywedwyd o'r blaen, pam nad yw'r trasiedïau'n ymwneud â llawer o deuluoedd. Yn eu hymchwil darganfu'r beirdd hwy,

nid drwy gelfyddyd ond drwy ffawd, a llwyddo i
gynhyrchu nodweddion Trasiedi yn y storïau.
Gorfodir hwy felly i ddefnyddio'r teuluoedd hyn y
digwyddodd iddynt brofiadau trist o'r fath.

Dywedwyd digon yn awr am saernïaeth y
digwyddiadau a pha wedd a ddylai fod ar y storïau.

15

Ynglŷn â chymeriad y mae pedwar peth y dylid
anelu atynt. Yn gyntaf ac yn bwysicaf, dylai fod yn
dda. Bydd y ddrama yn cynnwys cymeriad os bydd
sgwrs neu ddigwydd yn gwneud dewisiad moesol
yn amlwg, o ba natur bynnag, a chymeriad da os
bydd y dewisiad yn dda. Mae felly ym mhob
dosbarth o ddynion. Gall hyd yn oed wraig fod yn
dda, a chaethwas; er bod gwraig, o'r ddau hyn, yn
gymeriad israddol, a chaethwas yn gwbl ddiwerth.
Yn ail, dylid anelu at addaster. Mae'n bosibl i wraig
fod yn wrol, ond nid addas i wraig yw bod yn
ddewr fel gŵr nac yn alluog. Yn drydydd, rhaid i
gymeriad fod yn debyg i'r gwirionedd gwreiddiol;
mae hyn yn wahanol i wneud y cymeriad yn dda
ac yn addas fel y disgrifiwyd. Y pedwerydd pwynt
yw cysondeb. Er i wrthrych yr efelychu fod yn
anghyson ac iddo awgrymu'r math hwn o gymeriad,
rhaid iddo fod yn gyson o anghyson. Ceir enghraifft
o ddrygioni dianghenraid mewn cymeriad yn
Meneläos yn yr *Orestes;*[42] ceir enghraifft o'r anwedd-
aidd a'r anaddas yng ngalarnad Odussews yn y
Scul'la[43] ac yn araith Melanippe;[44] ac enghraifft o
anghysondeb yw *Iphigeneia yn Awlis;*[45] oherwydd
nid yw Iphigeneia mewn ymbil yn debyg o gwbl i'r
hyn ydyw wedi hynny.

Wrth bortreadu cymeriad, fel yn saernïaeth y
digwyddiadau, dylid ceisio'r rheidiol neu'r tebygol,

fel y bydd person o gymeriad arbennig yn siarad
neu'n gweithredu mewn ffordd arbennig yn ôl rheol
rheidrwydd neu debygolrwydd. Mae gan hynny yn
1454 b eglur y dylai'r gwaith o ddatrys y stori ddyfod allan
o'r stori ei hun, ac nid, megis yn y Medea,[46] drwy'r
Deus ex Machina; felly hefyd y digwyddiadau
ynghylch y Groegiaid yn mynd ymaith yn yr Iliad.[47]
Dylid defnyddio'r Deus ex Machina ar gyfer di-
gwyddiadau y tu allan i'r ddrama, naill ai y rhai a
fu cyn y ddrama ac na allai dyn eu gwybod, neu'r
rhai sy'n dod wedi hynny ac sy'n gofyn am eu rhag-
hysbysu neu eu cyhoeddi; oherwydd caniatawn i'r
duwiau y gallu i weled popeth. Ni ddylai fod dim
afresymol yn y digwyddiadau; os oes rhaid wrtho,
bydded y tu allan i'r drasiedi, megis yn Oidipws
Sophocles.[48]

Gan fod Trasiedi yn efelychiad o bersonau gwell
na'r cyffredin, dylid efelychu'r arlunwyr sy'n medru
portreadu dynion yn dda. Byddant hwy'n adlew-
yrchu'r ffurf neilltuol sydd yn y gwreiddiol, gan ei
wneuthur yn debyg i'r gwirionedd, ond yn
harddach. Felly hefyd dylai'r bardd, wrth efelychu'r
digllon neu'r diog, neu rai sy'n ddiffygiol yn eu
cymeriad mewn pethau eraill, eu portreadu fel hyn,
ond eu harddu. † Felly y portreadir Achil'les gan
Homer, yn dda er gwaethaf ei erwindeb mawr. †[49]

Cadwer y rheolau hyn ac yn ychwanegol atynt, yr
elfennau yn yr olygfa sy'n uniongyrchol gysylltiedig
â barddoniaeth; oherwydd gellir camgymryd yn
fynych ynglŷn â hwy hefyd. Ond dywedwyd digon
amdanynt yn y trafodaethau a gyhoeddwyd eisoes.

16

Dywedwyd cyn hyn[50] beth yw Darganfyddiad. Yn
awr rhaid egluro'r mathau ohono. Yn gyntaf, y math
lleiaf artistig, a ddefnyddir fynychaf, oherwydd

tlodi meddyliol, sef y Darganfyddiad drwy
arwyddion. O blith y rhain y mae rhai yn gynhenid,
megis y 'waywffon a ddygir gan y Daear-anedig'
neu y 'sêr' a ddyry Carcinos yn y *Thuestes*;[51] daw
eraill ar ôl amser geni, ac ohonynt hwy y mae rhai
yn arwyddion ar y corff, megis cleisiau, a rhai yn
arwyddion y tu allan i'r corff, megis gyddfdorchau a
phethau fel y llong fechan a ddefnyddir yn y *Turo*.[52]
Mae'n bosibl defnyddio'r rhain hefyd yn fwy neu
yn llai celfydd. Er enghraifft, pan adnabyddir
Odussews drwy ei glais, gwneir hynny mewn ffyrdd
gwahanol gan ei famaeth a gan y bugeiliaid.[53] Mae
cynllunio'n arbennig er mwyn profi'r peth yn ddull
llai celfydd, ac felly bob dull tebyg; gwell yw Dar-
ganfyddiad a ddaw drwy Wrthdro, fel yn yr Olygfa
Ymolchi yn yr *Odusseia*.[54]

Yn nesaf daw'r dulliau Darganfod a greïr yn
fwriadol gan y bardd, dulliau sy'n anghelfydd
oherwydd hynny. Er enghraifft, mae Orestes yn yr
Iphigeneia yn dadlennu mai ef yw Orestes. Dengys
ei chwaer pwy yw hi drwy'r llythyr; ond gwna ef
hynny drwy siarad ei hun fel y myn y bardd ac nid
fel y myn y stori; mae hyn, felly, yn agos i'r diffyg
a nodwyd gennym, gan y gallai Orestes fod wedi
dwyn rhai profion gydag ef. Enghraifft debyg yw
llais gwennol y gwëydd yn *Terews* Sophocles.[55]

Dibynna'r trydydd math ar y cof, pan ddeffroer
teimlad wrth weld rhywbeth, fel yn *Cupriaid*
Dicaiogenes,[56] lle wyla'r arwr wrth weld y darlun,
neu eto yn 'Hanes Alcinöos',[57] lle mae Odussews,
wrth glywed cân y telynor, yn cofio'r gorffennol ac
yn wylo; o hyn y daw'r Darganfyddiad.

Seilir y pedwerydd math ar resymeg. Felly, yn y
Chöephoroi: 'mae rhywun tebyg i mi wedi dod;
nid oes neb ond Orestes yn debyg i mi; gan hynny
Orestes sy wedi dod'.[58] O'r un math yw syniad
Poluïdos y Soffydd[59] am y Darganfyddiad yn yr

Iphigeneia. Naturiol oedd i Orestes ymresymu, meddai ef, os aberthwyd ei chwaer wrth yr allor, y gwneid hynny hefyd iddo yntau. Felly eto yn *Tudews*[60] Theodectes, ymresymiad y tad yw, 'Deuthum i gael fy mab, a threngaf fy hun.' Yn *Merched Phinews*[61] yr un modd: wedi gweld y lle, ymresymodd y gwragedd beth fyddai eu tynged: 'Tynghedwyd inni farw yma, gan mai yma y taflwyd ni allan.'

Eto ceir Darganfyddiad a seilir ar gam-ymresymu gan y gynulleidfa, megis yn *Odussews y Negesydd Ffals*. Yma tybiaeth y bardd a damcaniaeth yw'r syniad mai ef yn unig, a neb arall, sy'n gallu estyn y bwa, a hefyd pan ddywed y byddai'n adnabod y bwa er nad oedd wedi ei weld. Ond cam-ymresymu oedd tybio ar sail hyn y byddai'r llall yn ei adnabod eto.[62]

Ond o bob Darganfyddiad, y gorau yw hwnnw sy'n codi o'r digwyddiadau eu hunain, lle gwneir y Darganfyddiad trawiadol drwy amgylchiadau tebygol. Felly y mae yn *Oidipws* Sophocles ac yn yr *Iphigeneia;* oherwydd naturiol oedd i Iphigeneia ddymuno anfon llythyr. Y dulliau hyn o Ddarganfod yn unig sy'n hepgor cymorth allanol yr arwyddion a'r gyddfdorchau. Yn nesaf atynt y daw'r Darganfyddiad drwy resymeg.

17

Wrth ddodi'r stori at ei gilydd a'i gweithio allan mewn iaith, dylai'r bardd osod yr olygfa, hyd y mae'n bosibl, o flaen ei lygaid. Felly, drwy weld popeth yn fyw iawn, fel pe byddai'n bresennol ymysg y digwyddiadau ei hun, bydd yn canfod pa beth sy'n addas ac fel hyn y bydd leiaf tebygol o adael anghysonderau yn ddisylw. Profir hynny gan y bai a gaed yn Carcinos. Yr oedd Amphiaräos ar

ei ffordd o'r deml. Byddai'r ffaith hon wedi dianc
rhag sylw pe na bai'r gynulleidfa wedi ei gweld;
methodd y ddrama ar y llwyfan oherwydd
cythruddo'r gynulleidfa gan y gwall.[63] Hyd y gall,
dylai'r bardd hefyd weithio allan ei ddrama â'r
ystumiau addas; oherwydd os yw eu galluoedd
naturiol yn gydradd, mae'r rhai sy'n profi'r teim-
ladau eu hunain yn argyhoeddi orau. Y neb a gyn-
hyrfir sy'n cynhyrfu, a'r llidiog sy'n terfysgu, gyda'r
argyhoeddiad mwyaf. Gan hynny, golyga bardd-
oniaeth naill ai ddawn naturiol anghyffredin neu
elfen o wallgofrwydd. Bydd y math cyntaf o feirdd
yn ymroi yn hawdd i dymheredd neilltuol; a chodir
yr ail fath yn hawdd allan ohonynt eu hunain.

Am y stori, pa un y cymer y bardd hi yn
orffenedig ymlaen llaw neu y llunia hi iddo'i hun,
dylai wneud amlinelliad bras yn gyntaf, ac yna
1455 b llunio'r episodau a llanw'r manylion. Fel hyn y
dywedaf y dylid cymryd bras-olwg ar yr *Iphigeneia*
er enghraifft:

Aberthir merch ieuanc a diflanna mewn
ffordd ddirgel o olwg ei haberthwyr; cyrchir hi
i wlad arall lle mae'n arferiad aberthu estroniaid
i'r Dduwies, a gwneir hi yn offeiriad yn y
ddefod hon; yn ddiweddarach digwydd i'w
brawd ddod i'r deml; mae'r ffaith fod y Duw
wedi gorchymyn iddo ddod yn ogystal â
phwrpas ei ddod, y tu allan i'r stori; ond wedi
iddo ddod, fe'i cipir, a phan yw ar fin ei
aberthu, dengys pwy ydyw; gwna hyn yn ôl
portread Ewripides[64] neu yn ôl awgrym
Poluïdos drwy ddweud yn naturiol iawn, ' Felly
tynghedwyd finnau, yr un modd â'm chwaer, i
gael f'aberthu;' a thrwy y gair hwn yr achubir
ef.

Yna, a'r enwau wedi eu rhoi, dylid gwneud yr
episodau; a gofalu eu bod yn berthnasol i'r
digwydd. Felly yn hanes Orestes rhaid cynnwys

y coll synhwyrau y cipiwyd ef o'i blegid, a'i achub-
iaeth drwy'r buredigaeth. Yn y dramâu y mae'r
episodau yn fyr, ond hwy sy'n gwneud y cerddi epig
yn faith. Byr yw stori ganolog yr *Odusseia*. Ceir
dyn yn absennol o'i gartref am flynyddoedd lawer;
gwarchodir ef gan Poseidon a'i adael yn unig; yn y
cyfamser mae cyflwr pethau gartref yn gyfryw fel y
ceir y dynion sy'n canlyn ei wraig yn gwastraffu ei
adnoddau ac yn cynllwynio yn erbyn ei fab. O'r
diwedd, wedi ei guro gan dymhestloedd, daw adref
a dengys pwy ydyw; ymesyd ar ei elynion; achubir
ef a'u difodi hwy. Dyma hanfod y stori; episodau
yw'r gweddill.

18

Y mae ym mhob trasiedi Glymiad a Datodiad.
Mae'r Clymiad yn aml yn cynnwys pethau o'r tu
allan a'r tu mewn i'r digwydd ei hun; y Datodiad
yw'r gweddill.

Golygaf wrth y Clymiad y rhan o'r ddrama sy'n
ymestyn o'r dechrau hyd at y rhan honno sydd ar
ei diwedd yn rhoi'r newid i gyfeiriad dedwyddwch
neu adfyd. Wrth y Datodiad, golygaf y rhan o
ddechrau'r newid hyd y diwedd. Felly yn *Luncews*
Theodectes[65] y Clymiad yw'r digwyddiadau a fu
cyn y ddrama, sef cipio'r plentyn ac yna eto ei rieni
. . . Y Datodiad yw'r rhan sy'n ymestyn o'r
cyhuddiad o lofruddiaeth hyd y diwedd.

Y mae pedwar math o Drasiedi (dyna hefyd nifer
yr elfennau a grybwyllwyd);[66] yn gyntaf, y math
cymhleth, sydd yn Wrthdro ac yn Ddarganfyddiad
i gyd; yn ail, y math sy'n llawn Dioddef, megis y
1456 a　trasiedïau am Aias ac Ixion; yn drydydd, y math
â'i sail mewn cymeriad, megis *Merched Phthia*[67] a'r
Pelews.[68] Y bedwaredd elfen yw'r arddangosiad,[69]

sydd yn amlwg yn *Merched Phorcus*[70] a
Promethews,[70] a'r dramâu a leolir yn Hades. Dylai'r
bardd geisio, os yw'n bosibl, gyfuno pob dawn
farddol, neu yn niffyg hynny, y nifer mwyaf, a
hwythau o'r pwysicaf, yn enwedig yn wyneb ysfa
feirniadus ein dydd. Oherwydd yn yr hen ddyddiau
caed beirdd da, bob un yn ei faes ei hun; ond
disgwylir yn awr i bob bardd ragori ym mhob maes.

Cyfiawn yw galw trasiedi yn wahanol i un arall,
neu yr un fath â hi, ar sail y stori yn bennaf. Mae
felly pan yw'r Clymiad a'r Datodiad yr un neu fel
arall. Bydd llawer o'r awduron yn clymu'n dda,
ond yn datod yn wael. Rhaid meistroli'r ddwy
gelfyddyd yn gydradd.

Eto dylai'r bardd gofio'r hyn a ddywedwyd yn
aml gennym, a pheidio â gwneud trasiedi yn
adeiladwaith epig — wrth hynny golygaf adeilad-
waith yn cynnwys llawer o storïau — fel pe gwnâi
rhywun drasiedi o holl stori'r *Iliad*. Yn y gerdd epig,
oherwydd ei meithder, rhoir i bob rhan ei maint
digonol, ond o wneud hyn yn y ddrama, â'r effaith
ymhell oddi wrth bwrpas y bardd. Dangosir hyn
gan fethiant y beirdd hynny a bortreadodd holl
stori Cwymp Caer Droea yn lle dethol darnau fel
Ewripides, neu a gymerodd holl stori Niobe[71] yn lle
darn fel Aischulos; methwyd ganddynt yn llwyr neu
gwnaethant argraff wael wrth lwyfannu'r dramâu
yn y cystadleuthau. Methodd hyd yn oed Agathon
oherwydd y diffyg hwn yn unig. Ond yn eu Gwrth-
droadau ac yn eu cynlluniau syml maent yn
llwyddo'n rhyfeddol i gynhyrchu'r effaith a ddym-
unant, sef yr effaith sy'n briod i Drasiedi ac yn
bodloni'r teimlad dynol. Cynhyrchir yr effaith hon
pan dwyller dyn sy'n alluog ond yn ddrwg, fel
Sisuphos,[72] neu pan drecher dyn sy'n ddewr ond yn
ddiegwyddor. Mae digwyddiad o'r fath yn debygol
yn ystyr Agathon; oherwydd tebygol, yn ôl ei

awgrym ef, yw bod llawer yn digwydd yn groes i debygolrwydd.

Dylid ystyried y Côr yntau fel un o'r actorion; dylai fod yn rhan hanfodol o'r cyfanwaith a chyfrannu i'r chwarae nid yn null Ewripides, ond yn null Sophocles. Yn y beirdd diweddarach ni pherthyn y cerddi i'r stori yn fwy nag i stori unrhyw drasiedi arall; am hynny fe'u cenir fel darnau a deflir i mewn, yn y ffordd a gychwynnwyd gan Agathon. Eto pa wahaniaeth sydd rhwng canu darnau fel hyn a throsglwyddo sgwrs neu hyd yn oed episod cyfan o'r naill ddrama i'r llall?

(C) Y DRYDEDD RAN (Pennodau 19-22)

Meddwl ac Iaith

19

Soniwyd yn barod am rannau eraill Trasiedi, ond erys iaith a meddwl i'w trafod. Ynglŷn â meddwl, gellir glynu wrth yr hyn a ddywedwyd yn y trafodaethau ar Reitheg;[73] oherwydd mae'r mater hwn yn perthyn yn fwy priodol i'r ymchwil honno. O dan Meddwl cynhwysir y pethau oll y dylid eu mynegi mewn geiriau. Enghreifftiau ohonynt yw profi a gwrthbrofi, ysgogi teimladau (megis tosturi neu ofn neu ddicter a theimladau tebyg) ac awgrymu 1456 b pwysigrwydd neu fychander. Mae'n eglur y dylid trin y digwyddiadau hefyd ar sail yr un syniadau â'r siarad, pa bryd bynnag y bo angen cynhyrchu ymwybod o dosturi neu ddychryn neu fawredd neu debygolrwydd; yn hyn yn unig y mae'r gwahaniaeth, bod digwyddiadau'n arwyddo ymwybod o'r fath heb esboniad pendant, eithr bod siarad yn ei gynhyrchu drwy'r siaradwr ac yn ei achosi fel canlyniad i'r siarad. Oherwydd pa beth fyddai swyddogaeth siaradwr pe deuai'r effaith angenrheidiol ar wahân i'r siarad?

Ynglŷn â'r iaith, un mater sy'n gofyn am ymchwil iddo yw'r troadau a roir i'r iaith wrth ei siarad; ond i'r adroddwr y perthyn gwybodaeth ohonynt ac i feistri'r gelfyddyd hon. Rhaid gwybod, er enghraifft, y gwahaniaeth rhwng gorchymyn a gweddi, rhwng adrodd stori a bygythiad, rhwng cwestiwn ac ateb, a phethau eraill o'r fath. Nid yw gwybodaeth neu

anwybodaeth o'r rhain yn dwyn unrhyw gyhuddiad
difrifol yn erbyn y gelfyddyd farddol. Oherwydd
sut y gallai neb gydnabod y bai a wêl Protagoras yn
Homer, wrth honni iddo fwriadu mynegi gweddi,
ond mewn gwirionedd iddo roi gorchymyn yn ei
eiriau

    Cân, O dduwies, am y llid![74] ?

Oblegid dywed ef fod erchi i rywun wneud rhyw-
beth neu beidio â'i wneud yn orchymyn. Gadawn y
mater hwn, felly, fel un sy'n perthyn i gelfyddyd
arall ac nid i'r gelfyddyd farddol.

20

Dyma elfennau iaith yn gyffredinol: y llythyren,
y sillaf, y cysylltair, yr enw, y ferf, y fannod, y
treiglad, yr ymadrodd. Sain na ellir mo'i rhannu yw
llythyren, ond nid pob sain o'r fath, eithr yn unig
sain a all ffurfio rhan o sain ddeallus. Ceir gan
anifeiliaid seiniau na ellir eu rhannu, ond ni alwaf
yr un ohonynt yn llythyren. Gellir dosbarthu'r
seiniau elfennol hyn yn llafariaid a hanner-llafariaid
a seiniau dilafar. Llythyren ydyw llafariad sy'n
glywadwy heb ychwanegu llythyren arall. Llythyren
yw'r hanner-llafariad a rydd sain glywadwy gydag
ychwanegiad llythyren arall, megis S ac R. Ni fedd
y sain ddilafar, er bod iddi'r ychwanegiad hwn,
unrhyw sain wrthi ei hun, ond gyda llythrennau
sy'n meddu sain, daw'n glywadwy; enghreifftiau yw
G a D. Gwahaniaethir y rhain yn ôl ffurfiad y genau
o'r lle y cynhyrchir hwy; yn ôl yr anadliad cryf neu
wan; yn ôl fel y byddant yn hir neu'n fyr; yn ôl eu
tôn lem neu lefn neu ganolig; a pherthyn y materion
hyn bob un i ymdriniaeth ar fydrau.

    Sain ddiarwyddocâd ydyw sillaf yn cynnwys sain
ddilafar a llythyren sy'n meddu sain; felly mae GR
heb A yn llawn cymaint o sillaf ag ydyw GRA,

gydag A. (?)[75] Ond mae'r ymchwil i'r gwahaniaethau
hyn yn perthyn i'r wyddor fydryddol.

1457 a   Sain ddiarwyddocâd yw cysylltair nad yw nac yn
rhwystro nac yn peri gwneud un sain arwyddocaol
o lawer o seiniau; ei le naturiol yw ym mhob pen
brawddeg ac yn y canol; nid yw'n addas i sefyll
wrtho'i hun ar ddechrau brawddeg; er enghraifft,
men, êtoi, de. Neu gall cysylltair fod yn sain ddi-
arwyddocâd a ddichon, o lawer o seiniau, a phob
un yn arwyddocaol, ffurfio un sain arwyddocaol.

    Sain ddiarwyddocâd yw'r *arthron*[76] sy'n nodi
dechrau, diwedd, neu raniad ymadrodd; er
enghraifft, *amphi, peri* a'u tebyg. Neu gall fod yn
sain ddiarwyddocâd nad yw nac yn rhwystro nac
yn peri gwneud un sain arwyddocaol o lawer o
seiniau; ei le naturiol yw ym mhob pen brawddeg
ac yn y canol.

    Sain gyfansawdd arwyddocaol yw enw, heb ystyr
amseryddol a heb fod arwyddocâd i unrhyw ran
ynddi ei hun; oherwydd mewn geiriau cyfansawdd
ni fyddwn yn defnyddio'r elfennau fel pe bai i bob
un arwyddocâd wrthi ei hun. Yn y gair *Theodôros*,
er enghraifft, 'Rhoddedig gan Dduw', nid yw
dôron, 'rhodd', yn arwyddocaol ynddo'i hun.

    Sain gyfansawdd arwyddocaol yw berf; mae iddi
ystyr amseryddol, ond nid oes arwyddocâd i unrhyw
ran ynddi ei hun; yn hyn mae'n debyg i'r enw. Nid
yw 'dyn' neu 'gwyn' yn mynegi 'pa bryd', ond
mae 'cerdda' neu 'mae wedi cerdded' yn mynegi,
y naill yr amser presennol, a'r llall yr amser gorffen-
nol, yn ychwanegol at y syniad o gerdded.

    Mae treiglad yn nodwedd mewn enw a berf, a
mynega un ai berthynas fel meddiant neu 'i' neu
syniadau tebyg, neu y syniad o nifer, yn unigol
neu'n lluosog, megis 'dynion' neu 'dyn'; neu eto,
foddau mynegiant, megis cwestiwn neu orchymyn.

Treigladau berfol o'r math hwn ydyw ' A aeth? ' neu ' Dos! '

Sain gyfansawdd arwyddocaol yw ymadrodd, ac mae rhai o'i rannau o leiaf yn arwyddocaol wrthynt eu hunain (oherwydd ni chyfansoddir pob ym-adrodd gan ferfau ac enwau, ond gall fod heb ferf, er enghraifft, ' diffiniad dyn '; eto, bydd iddo bob amser ryw ran arwyddocaol), megis ' Cleon ' yn yr ymadrodd ' mae Cleon yn cerdded '. Gall ymadrodd fod yn undod mewn dwy ffordd, naill ai drwy arwyddo un peth, neu drwy gyfuno llawer o bethau. Felly, mae'r *Iliad* yn undod drwy gyfuno llawer o bethau, ond mae ' diffiniad dyn ' yn undod am ei fod yn arwyddo un peth.

21

Mae ffurfiau enwau yn unplyg neu yn ddyblyg. Wrth rai unplyg golygaf rai na chyfansoddir o elfennau arwyddocaol, megis y gair *gê* (' daear '). Cyfansoddir rhai dyblyg o un elfen arwyddocaol ac un ddiarwyddocâd, — ond bod y gwahaniaeth yn diflannu yn y gair cyfansawdd, — neu o elfennau sydd ill dwy yn arwyddocaol. Gall enw fod hefyd yn driphlyg ac yn bedwarblyg ac yn amrywblyg, fel yn llawer o eiriau pobl Massilia, megis *Hermokaïko-xanthos*,[77] . . .

Mae pob enw yn gyffredin[78] neu yn ddieithr neu yn fetafforaidd neu yn addurnol neu yn fathedig o'r newydd neu wedi ei hwyhau neu ei fyrhau neu ei newid.

Wrth air cyffredin golygaf un a ddefnyddir gan bawb mewn ardal arbennig; wrth air dieithr golygaf un a ddefnyddir gan bobl mewn ardal arall. Mae'n amlwg, felly, y gall yr un gair fod yn gyffredin ac

yn ddieithr, ond nid i'r un bobl. Mae'r gair *sigunos*
(' gwaywffon '), er enghraifft, yn air cyffredin i'r
Cupriaid, ond yn ddieithr i ni.

Metaffor ydyw trosi i un peth enw rhywbeth
arall, naill ai o ddosbarth i ffurf neu o ffurf i
ddosbarth, neu ar sail tebygrwydd perthynas.
Enghraifft o'r trosiad o ddosbarth i ffurf ydyw ' Yma
y saif fy llong wrth angor ', oherwydd ffurf ar sefyll
yw sefyll wrth angor. Enghraifft o'r trosiad o ffurf
i ddosbarth yw ' Yn wir cyflawnodd Odussews fyrdd
o weithredoedd glew '. Ffurf arbennig ar nifer mawr
yw ' myrdd ' a ddefnyddir yma fel nifer mawr yn
gyffredinol. Enghraifft o drosiad o ffurf i ffurf yw
' wedi drachtio'r bywyd i ffwrdd â'r pres ' neu ' yn
torri â'r pres llym '. Yma defnyddir ' drachtio i
ffwrdd ' yn yr ystyr o ' dorri ', a ' thorri ' yn yr ystyr
o ' ddrachtio i ffwrdd ', ac mae'r ddau yn ffurf ar
gymryd ymaith.[79]

Wrth debygrwydd perthynas, golygwn y sefyllfa
pan fo'r ail derm yn yr un berthynas i'r cyntaf ag
yw'r pedwerydd i'r trydydd. Gallwn wedyn ddef-
nyddio'r pedwerydd yn lle'r ail, a'r ail yn lle'r
pedwerydd. Weithiau hefyd ychwanegwn y term
y defnyddir term arall yn ei le. Felly mae'r cwpan
yn yr un berthynas i Dionusos[80] ag yw'r darian i
Ares.[81] Gellir galw'r cwpan, felly, yn ' darian
Dionusos ' a'r darian yn ' gwpan Ares '. Neu eto, fel
y mae henoed i fywyd, felly y mae'r cyfnos i'r dydd.
Gellir galw'r cyfnos, o'r oherwydd, yn ' henoed y
dydd ', neu fel y dywed Empedocles,[82] a galw
henoed yn ' gyfnos ' neu ' fachlud bywyd '. Mewn
rhai enghreifftiau nid oes enw arbennig i un o
dermau'r tebygrwydd; ond gellir ei ddefnyddio er
hynny. Er enghraifft, gelwir gwasgar had yn ' hau ';
ond nid oes enw i weithred yr haul yn gwasgar
goleuni; eithr yr un yw perthynas y weithred hon

â'r haul ag yw perthynas hau â'r had. Gan hynny fe
ddywed y bardd

gan hau goleuni Duw-greëdig.[83] . . .[84]

Gellir defnyddio'r math hwn o fetaffor mewn
ffordd arall hefyd: ar ôl cymhwyso term dieithr
gellir gwadu un o neilltuolion y term hwnnw, fel
pe galwai rhywun darian, nid yn 'gwpan Ares' ond
yn 'gwpan di-win'.

Gair na ddefnyddiwyd o gwbl gan neb ond a
grëwyd gan y bardd yw gair bathedig (ac ym-
ddengys bod rhai felly), megis *ernuges*, 'eginwyr',
am *kerata*, 'cyrn', ac *arêtêr*, 'ymbiliwr', am
hierews, 'offeiriad'.

1458 a   Ceir gair wedi ei hwyhau pan fo ynddo lafariad
byr a wnaed yn hir, neu pan ychwaneger sillaf; er
enghraifft, *poléos* yn lle *poleôs*, *Pêlêiadeô* yn lle
Pêleidow. Byrheir gair pan gollir rhan; er enghraifft,
kri, dô, ops yn *mia ginetai amphoterôn ops*.

Ceir gair wedi ei newid pan gadwer rhan o'r gair
arferol ac ail-lunio rhan arall, megis y ceir *dexiteron*
am *dexion* yn *dexiteron kata mazon*.

Mae'r enwau eu hunain, beth bynnag eu dos-
barthiad uchod, yn wrywaidd, yn fenywaidd neu yn
ddi-ryw. Gwrywaidd yw'r enwau oll sy'n diweddu
mewn N, P, S, neu mewn llythrennau cyfansawdd
gydag S (y ddwy yw PS ac X neu CS). Benywaidd
yw'r enwau oll sy'n diweddu yn y llafariaid a geir
yn hir bob amser, sef Ê ac Ô; neu y sy'n diweddu,
o blith y llafariaid a all fod yn hir, mewn A. Felly
mae nifer cyfartal o derfyniadau gwrywaidd a ben-
ywaidd, gan fod PS ac X yn gyfansawdd. Nid oes
enw, fodd bynnag, yn diweddu mewn llythyren
ddilafar nac mewn un o'r llafariaid byrion. Ni cheir
ond tri (*meli, kommi, peperi*) yn diweddu mewn I,
a phump mewn U . . . Mae'r enwau di-ryw yn
diweddu yn y llafariaid a all fod yn hir neu yn
fyr, neu mewn N ac S.

22

Perffeithrwydd arddull yw bod yn eglur heb fod yn
ddi-nod. Yr arddull egluraf yw honno sy'n def-
nyddio geiriau cyffredin yn unig, ond di-nod yw
arddull felly. Ceir enghraifft ym marddoniaeth
Cleophon[86] a Sthenelos. Mae'r arddull sy'n def-
nyddio geiriau anghyffredin yn urddasol ac yn osgoi'r
sathredig. Wrth eiriau anghyffredin, golygaf rai
dieithr, neu fetaffor, neu air wedi ei hwyhau, ac
unrhyw beth sy'n groes i'r ieithwedd arferol. Ond
os bydd dyn yn gwneud y cyfan fel hyn, bydd ei
gynnyrch yn enigma neu yn farbarwaith — yn
enigma os ceir metafforau yn unig, yn farbarwaith
os ceir geiriau dieithr yn unig. Hanfod enigma yw
mynegi ffeithiau drwy gyfuniadau amhosibl o eiriau.
Ni ellir hyn drwy gyfosod geiriau cyffredin, ond
mae'n bosibl drwy fetaffor, fel, 'Gwelais ddyn a
oedd wedi gludio pres ar ddyn arall drwy dân'.[87]
Barbarwaith a geir o eiriau dieithr yn unig. Dylid
yn hytrach gymysgu ychydig o'r elfennau hyn;
oherwydd bydd y gair dieithr a'r metaffor a'r addurn
a'r mathau eraill a grybwyllwyd gennym yn cadw'r
arddull rhag bod yn sathredig neu'n ddi-nod, tra
bydd defnyddio'r geiriau cyffredin yn sicrhau
1458 b eglurder. Ac nid y cyfraniad lleiaf tuag at ffurfio
arddull a fydd yn eglur heb fod yn sathredig ydyw'r
hwyhau a'r torri a'r newid ar eiriau. Oherwydd
drwy fod yn wahanol i'r ffurf gyffredin ac yn groes
i'r arfer, osgoir y sathredig; ond drwy gydymffurfio
mewn rhan â'r arferol, sicrheir eglurder. Ar fai,
felly, y mae'r beirniaid hynny sy'n condemnio'r
ffurfiau ymadrodd hyn, gan chwerthin am ben y
bardd, megis pan ddywed Ewcleides yr Hynaf mai
gwaith hawdd fyddai barddoni pe rhoid yr hawl i
hwyhau sillafau faint a fynnem. Dychanodd yr arfer
yn ffurf ei arddull ei hun yn y llinell

Epicharên eidon Marathônade badizonta,

neu'r llinell yma :

ouk †an geramenost ton ekeinou elleboron[88]

Mae gwthio i'r amlwg unrhyw nodwedd o'r fath
yn chwerthinllyd, bid siŵr; rhaid cael cymedroldeb
ym mhob elfen o waith bardd. Byddai hyd yn oed
fetafforau, geiriau dieithr, a ffurfiau tebyg, o'u def-
nyddio'n anaddas a chyda'r bwriad o fod yn chwerth-
inllyd, yn cynhyrchu'r un effaith. Peth gwahanol yw
defnyddio'r ffurfiau hyn yn briodol. Daw hyn yn
eglur mewn Barddoniaeth Epig drwy osod y ffurfiau
arferol yn y llinellau mydryddol. Felly hefyd, os
cymerwn air dieithr neu fetaffor ac yn y blaen, a
gosod yn eu lle y termau cyffredin, bydd yn amlwg
ein bod yn dweud y gwir. Er enghraifft, cyfan-
soddodd Aischulos ac Ewripides linell iambig
debyg. Ond drwy newid un gair, a defnyddio gair
dieithr yn lle un cyffredin, gwnaeth Ewripides i'r
llinell ymddangos yn brydferth, tra nad yw'r llall
ond gwael. Canodd Aischulos yn ei *Philoctetes* :

> Y crach sy'n bwyta cnawd fy nhroed.

Yn lle 'mae'n bwyta,' rhydd Ewripides 'mae'n
gwledda ar '. Ac yn y llinell

> Bychan fy mri, heb enw ac heb glod

gwelir gwahaniaeth mawr o roi'r geiriau cyffredin :

> Un bach wyf i, un gwanllyd a di-lun.

Neu yn lle'r llinell

> Gosododd gadair wael a bychan fwrdd

darllener

> Gosododd gadair bwdwr a bwrdd bach.

Neu dyweder 'mae'r traeth yn sgrechian' yn lle
'mae'r traeth yn rhuo'.

Gwnaeth Ariphrades hwyl am ben y trasiedïwyr
am ddefnyddio ymadroddion na ddywedai neb
mohonynt wrth siarad; cr enghraifft, *dômatôn apo*
yn lle *apo dômatôn;* neu *sethen* neu *ego de nin;* neu
1459 a *Achil'leôs peri* yn lle *peri Achil'leôs*[89] ac yn y blaen.
Ond y ffaith na cheir mohonynt mewn siarad
cyffredin yw'r union reswm pam y rhoddant ar-
benigrwydd i arddull. Ni welodd ef mo hynny.

Peth pwysig yw defnyddio pob un o'r dulliau
ymadrodd hyn yn addas, enwau cyfansawdd hefyd
a geiriau dieithr. Ond y peth pwysicaf o ddigon yw
meistrolaeth ar fetaffor. Hwn yw'r unig beth na ellir
ei ddysgu gan neb arall. Arwydd o athrylith yw,
oherwydd mae'r gallu i greu metafforau yn arwyddo
dawn i ganfod y tebygrwydd rhwng pethau
annhebyg.

O blith y mathau o eiriau a drafodwyd gennym,
y rhai cyfansawdd sy'n gweddu orau mewn
dithurambau, geiriau dieithr mewn barddoniaeth
arwrol, a metafforau mewn cerddi iambig. Ac yn wir
mewn barddoniaeth arwrol, y mae'r dulliau i gyd
yn ddefnyddiol. Mewn barddoniaeth iambig, gan ei
bod yn efelychu, hyd y bo modd, ein ffordd
gyffredin o siarad, y geiriau cymhwysaf yw'r rhai a
ddefnyddir wrth siarad.[90] Y rhain yw'r geiriau
cyffredin, metafforau, a geiriau addurn.

Dywedwyd digon gennym yn awr am Drasiedi ac
efelychu drwy weithredoedd.

(CH) Y BEDWAREDD RAN (*Penodau* 23-24)

Barddoniaeth Epig a Thrasiedi

23

Ynglŷn â'r ffurf ar efelychu sy'n adrodd hanes a
hynny mewn mydr, mae'n amlwg y dylid cynllunio'r
stori, fel mewn Trasiedi, ar linellau dramatig, a
dylai ymwneud ag un digwydd cyfan a chyflawn,
gyda dechreuad a chanol a diwedd; felly y bydd,
fel un creadur byw, cyflawn, yn cynhyrchu ei briod
bleser, ac ni bydd yn debyg mewn cynllun i
weithiau hanesyddol, sy'n gorfod ymwneud, nid ag
un digwydd, ond ag un amser, a'r cyfan a ddig-
wyddodd yn yr amser hwn i un person neu i
amryw; a gall y digwyddiadau fod yn hollol heb
gysylltiad â'i gilydd. Oherwydd fel y bu'r frwydr ar
y môr yn Salamis a'r frwydr gyda'r Carthaginiaid
yn Sisilia[91] o gwmpas yr un amser, ond heb iddynt
dueddu i'r un canlyniad, felly hefyd mewn amser-
oedd dilynol, gall y naill ddigwyddiad ddilyn y llall,
ond ni ddaw unrhyw ganlyniad cyffredin ohonynt.
Ond felly y gwneir gan y rhan fwyaf o'r beirdd.

Gan hynny, fel yr ŷm wedi dweud eisoes,[92] mae
rhagoriaeth ryfeddol Homer ar y lleill yn amlwg.
Ni cheisiodd ef wneud holl ryfel Caer Droea yn
destun ei gerdd, er bod i'r rhyfel hwnnw ddechˌ-
reuad a diwedd. Byddai'n stori ry fawr i gael
golwg hwylus arni ar unwaith; neu, pe cedwid ei
maint yn gymedrol, byddai'n rhy gymhleth
oherwydd yr amrywiaeth defnyddiau. Fel y mae, fe
gymerth un darn o'r cyfan, ond defnyddia lawer o
episodau perthynol i stori gyffredinol y rhyfel,

110

megis Rhestr y Llongau,[93] ac mae'n rhannu'r gerdd
drwy episodau eraill. Bydd beirdd eraill yn canu
am un arwr ac am un cwrs o ddigwyddiadau y
1459 b perthyn iddo er hynny lawer rhan. Fel hyn y
gwnaeth awduron y *Cupria* a'r *Iliad Bychan*.[94]
Oherwydd hyn, gellid gwneud un drasiedi, neu ar
y mwyaf ddwy, o'r *Iliad* a'r *Odusseia,* ond gellid
llawer o'r *Cupria* ac wyth o'r *Iliad Bychan* —
Dyfarniad yr Arfau, Philoctetes, Neoptolemos,
Ewrupulos, Y Cardota, Merched Laconia, Cwymp
Ilion, Ymadawiad y Llynges.

24

Eto, dylai Barddoniaeth Epig feddu cynifer o
fathau â Thrasiedi. Bydd yn syml neu'n gymhleth,
yn ymwneud â chymeriad neu ddioddef. Mae'r
rhannau hefyd, ar wahân i'r canu a'r arddangosiad,
yr un fath; mae'n gofyn yn yr un modd am episodau
o Wrthdro a Darganfyddiad a golygfeydd o
ddioddef. Rhaid i'r meddwl hefyd a'r iaith fod yn
hardd. Yn y pethau hyn oll Homer yw ein patrwm
cyntaf a digonol. Y mae ei gerddi ill dwy yn
enghreifftiau o gynllunio gwiw, yr *Iliad* yn syml ac
yn ymwneud â dioddef, a'r *Odusseia* yn gymhleth
(ceir Darganfyddiad drwyddi oll) ac yn ymwneud
â chymeriad. Ymhellach, mewn iaith a meddwl
rhagorodd ar bob cerdd arall.

Mae Barddoniaeth Epig yn gwahaniaethu oddi
wrth Drasiedi yn ei hyd ac yn ei mydr. Parthed hyd,
pennwyd eisoes ffin ddigonol gennym: rhaid
medru cynnwys mewn un golwg y dechreuad a'r
diwedd. Byddai hyn yn wir pe bai'r cynlluniau ar
raddfa lai nag yn yr hen gerddi epig, a phe baent
yn debyg mewn hyd i'r gyfres o drasiedïau a
gyflwynir ar un gwrandawiad.[95]

Ond mae gan Farddoniaeth Epig fantais arbennig
i ymehangu mewn hyd; oherwydd mewn trasiedi ni
ellir efelychu digwyddiadau mewn nifer o rannau
sy'n mynd ymlaen yr un pryd. Rhaid cyfyngu'r
gwaith i'r hyn a ddigwydd ar y llwyfan ac i'r hyn
a chwaraeir gan yr actorion. Ond mewn cerdd epig,
oherwydd y dull a arferir o adrodd stori, gellir
cyflwyno llawer o ddigwyddiadau a weithredir ar
yr un pryd; os byddant yn berthnasol, maent yn
ychwanegu at urddas y gerdd. Mae i'r Epig fantais
yn y mater hwn, a daw ohono ymddangosiad o
fawredd a newid meddwl i'r gwrandäwr[96] ac am-
rywiaeth i'r stori drwy'r episodau gwahanol.
Oherwydd bydd undonedd yn peri syrffed yn fuan
ac yn achos methiant trasiedïau ar y llwyfan.

Parthed y mydr, dangosodd profiad mai'r mesur
arwrol[97] yw'r un addas. Pe bai rhywun yn cyfan-
soddi cerdd sy'n adrodd stori mewn unrhyw fydr
arall neu mewn amryw fydrau, byddai'n ymddangos
yn anaddas. Y mesur arwrol yw'r mwyaf urddasol a
phwysfawr o'r mesurau (gan hynny rhydd y cyfle
mwyaf i eiriau dieithr a metafforau; yn y pwynt
yma y mae'r efelychiad ar y ffurf o adrodd stori yn
wahanol i'r holl ffurfiau eraill). Ar y llaw arall, mae'r
mesur iambig a'r mesur tetrametrig yn rhai bywiog;
mae'r olaf yn addas i'r ddawns, ac awgrymir bywyd
1460 a ei hun gan y cyntaf. Mwy afresymol byth fyddai
i rywun gymysgu mesurau, fel y gwnaeth
Chairemon.[98] Gan hynny, ni chyfansoddodd neb
gerdd o gynllun hir ond yn y mesur arwrol; eto,
fel y dywedwyd eisoes, mae natur ei hun yn dysgu
pa fydr sy'n addas i'w ddewis.

Haedda Homer ei edmygu ym mhopeth, ond yn
arbennig am mai ef yw'r unig fardd a ŵyr y rhan
a ddylai gymryd ei hun. Dylai'r bardd siarad cyn
lleied ag yw'n bosibl yn ei berson ei hun, oherwydd
nid hyn a'i gwna yn efelychwr. Bydd beirdd eraill

yn cymryd y llwyfan eu hunain o hyd, ac ni fyddant
yn efelychu ond ychydig ac yn anaml. Ond bydd
Homer, ar ôl ychydig o ragymadrodd, yn cyflwyno
dyn neu wraig neu berson arall ar unwaith, heb
fod yr un yn diffygiol mewn nodweddion neilltuol,
ond bod i bob un ei gymeriad ei hun.

Dylid arddangos mewn Trasiedi yr elfen o
ryfeddod; ond y mae i'r afresymol, sy'n brif sail y
rhyfeddol, fwy o gyfle mewn Barddoniaeth Epig,
am na welir yno mo'r person sy'n gweithredu.
Byddai pethau parthed yr ymlid ar ôl Hector yn
chwerthinllyd o'u rhoi ar y llwyfan — y Groegiaid
yn sefyll yn stond heb ymuno yn yr ymlid, Achil'les
yn arwyddo iddynt fynd yn ôl;[99] ond yn yr epig
ni sylwir ar yr elfen afresymol. Bydd y rhyfeddol
yn rhoi pleser. Prawf o hyn yw'r ffaith bod pawb
wrth adrodd stori yn ychwanegu rhywbeth er
mwyn boddhau eu gwrandawyr.

Homer yn bennaf a ddysgodd y beirdd eraill sut
i ddweud celwyddau yn y ffordd iawn. Mae'r peth
yn golygu twyll geiriol. Os yw un peth yn bod,
neu'n dod i fod, a pheth arall wedyn yn bod neu'n
dod i fod, bydd dynion yn credu bod bodolaeth yr
ail yn golygu bod y cyntaf yn bod neu'n dod i fod.
Am ein bod yn gwybod gwirionedd yr hyn sy'n
dilyn, arweinir ni yn ein meddwl i'r casgliad gau
fod yr hyn sy'n blaenori hefyd yn wir. Ceir
enghraifft o hyn yn yr Olygfa Ymolchi yn yr
Odusseia.[100]

Dylid felly ddewis yr amhosibl tebygol o flaen y
posibl annhebygol. Ni ddylid adeiladu'r stori ar
ddigwyddiadau afresymol, ond dylid cau allan
bopeth afresymol hyd y mae'n bosibl; neu, o leiaf,
dylai fod y tu allan i'r stori; megis, yn yr *Oidipws,*
yr anwybodaeth am y modd y bu farw Laïos; ni
ddylai fod yn y ddrama, fel, yn yr *Electra,*[101] y
negeswyr yn adrodd hanes chwaraeon Puthia, neu,

yn y *Musiaid,*[102] y dyn yn dod o Tegea i Musia heb
yngan gair. Ffolineb yw dweud y difodid y stori
heb y manylion hyn. Ni ddylesid o'r cyntaf saernïo
stori o'r fath. Ond os cymerwyd stori o'r fath gan y
bardd ac os yw'n amlwg y gallasai roi ymddangos-
iad mwy tebygol iddi, yna mae'r peth yn wrthun,[103]
oherwydd mae digwyddiadau afresymol yn yr
Odusseia hefyd, megis gadael Odussews ar y traeth
yn Ithaca,[104] ac mae'n eglur mor annioddefol y
1460 b byddai'r rhain pe bai bardd gwael wedi eu trin.
Ond fel y mae, gwna'r bardd iddynt ddiflannu
ymysg pethau gwych o'u cwmpas, gan felysu'r
gwrthun.

Dylid gwneud yr iaith yn gywrain yn y rhannau
araf, lle nad oes fynegiant o gymeriad na meddwl.
Ar y llaw arall, lle mynegir cymeriad a meddwl,
mae iaith ry ddisglair yn peri iddynt fod yn aneglur.

(D) Y BUMED RAN (*Penodau 25-26*)

Problemau mewn Beirniadaeth

25

Parthed y problemau beirniadol a'r ffyrdd o'u
datrys, o chwilio i nifer a natur y ffurfiau a rydd
fod iddynt, daw'r canlynol yn eglur. Gan mai
efelychwr yw'r bardd, fel yr arlunydd neu unrhyw
artist arall, rhaid iddo bob amser efelychu un
gwrthrych o blith tri mewn nifer: pethau fel y
buont neu fel y maent, pethau fel y dywedir eu bod
neu fel yr ymddangosant, neu bethau fel y dylent
fod. Mynegir hwy drwy gyfrwng iaith, yn cynnwys
geiriau dieithr a metafforau, a llawer o'r lleddfiadau
mewn iaith a ganiatawn i'r bardd. Ychwaneger at
hyn nad yr un safon o gywirdeb[105] sydd i fardd-
oniaeth ag i wleidyddiaeth neu i unrhyw gelfyddyd
arall. Yn y gelfyddyd farddol ei hun ceir dau fath
o fai, un yn ymwneud â'i hanfod, a'r llall yn
achlysurol. Os ceisiodd y bardd efelychu rhywbeth
. . . a methu gwneud hynny'n gywir oherwydd
diffyg gallu, mae'r bai yn perthyn i'r farddoniaeth
ei hun. Ond os methu a wna oherwydd iddo ddewis
ei fanylion yn anghywir — os darluniodd geffyl yn
taflu allan ei ddwydroed dde yr un pryd[106] neu os
cyfeiliornodd mewn pwyntiau technegol megis
meddygaeth neu unrhyw wyddor arall, neu bethau
amhosibl o unrhyw fath, yna nid yw'r bai yn hanfod
y farddoniaeth. Dylai'r neb sy'n ystyried cwynion y
beirniaid am anawsterau o'r fath, geisio eu hateb o'r
seiliau hyn.

Sylwn ar feirniadaethau yn ymwneud â'r gelfyddyd ei hun. Bwrier i'r bardd geisio darlunio yr hyn sy'n amhosibl; bai ydyw, ond gellir ei gyfiawnhau os cyrhaeddir felly ddiben y gelfyddyd (y diben a grybwyllwyd eisoes) ac os gwneir effaith y rhan yma neu'r rhan arall o'r gerdd yn fwy trawiadol felly. Enghraifft yw erlyniad Hector.[107] Ond pe buasai modd sylweddoli'r amcan yn well, neu heb fod yn waeth, a chadw cywirdeb technegol yn y pethau hyn, ni chyfiawnheir y camgymeriad; oherwydd hyd y mae'n bosibl, dylid osgoi camgymeriadau yn gyfan gwbl.

Eto, a yw'r camgymeriad yn cyffwrdd hanfodion y gelfyddyd neu ryw agwedd achlysurol ohoni? Er enghraifft, llai o gamgymeriad fyddai pe na wyddai rhywun nad oes gan hydd fenywaidd gyrn na phe darluniai hi fel na allai neb wybod mai hydd ydoedd.

Ymhellach, pe ceid hyn yn fai, nad yw'r disgrifiad yn gydweddol â ffeithiau, gellid ateb efallai, ' Ond dyma fel y *dylai'r* pethau fod ', yn union fel y dywedodd Sophocles ei fod ef yn dangos dynion fel y dylent fod, ac Ewripides fel y maent. Byddai'r ateb hwn yn cyfarfod â'r gŵyn. Ond os nad yw'r disgrifiad yn perthyn i'r un o'r mathau hyn, gellid ateb, ' Dyma fel y dywed dynion fod y peth yn ymddangos.' Er enghraifft, parthed yr hanesion am y duwiau, hwyrach nad ydynt yn well na'r ffeithiau nac yn wir o gwbl, ond yn gyfryw, efallai, ag y 1461 a dywed Xenophanes[108] amdanynt; ond ' Dyma yr hyn a ddywedir '. Eto, gall nad yw disgrifiad yn well na'r ffaith; ' ond hyn oedd y ffaith ', megis yn y darn am yr arfau :

Safai'r gwaywffyn yn union ar eu gwaelodion.[109] Dyna oedd yr arfer y pryd hwnnw, fel y mae heddiw ymhlith yr Il'luriaid.

Eto, wrth ystyried a yw'r hyn a ddywedwyd neu

a wnaed gan rywun yn foesol gywir ai peidio, ni ddylid edrych yn unig ar y weithred arbennig neu'r ymadrodd, i weld a yw'n aruchel neu'n wael, eithr hefyd ar y sawl a weithredodd neu a siaradodd, i bwy, pa bryd, gyda pha amcan; ai er mwyn sicrhau daioni gwell, ai er mwyn osgoi drygioni mwy.

Gellir datrys problemau eraill drwy roi sylw i'r iaith, megis pan ddefnyddir gair dieithr, fel yn yr ymadrodd ' y mulod yn gyntaf ',[110] lle defnyddir ' mulod ' i olygu ' gwylwyr '. Ac wrth ddweud am Dolon, ' ac ef oedd wael ei ffurf ',[111] golygir, efallai, nid bod ei gorff yn afluniaidd, ond bod ei wyneb yn hyll, oherwydd bydd y Cretiaid yn defnyddio'r gair *eweides*, ' lluniaidd ', i olygu ' hardd ei wyneb '. Eto, ' cymysga'r gwin yn fywiocach ! ';[112] yr ystyr yw, nid ' cymysgwch ef yn gryfach ', fel ar gyfer meddwon, ond ' cymysgwch ef yn gyflymach '.

Weithiau ceir ymadrodd ar lun metaffor, fel

Cysgai'r holl dduwiau a dynion ar hyd y nos[113]

a'r un pryd dywed y bardd

Yn wir, pan droai ei olygon i wastadedd Caer Droea, (rhyfeddai at) sain ffliwtiau a phibau.[114]

Dywedir ' yr holl ' yma ar lun metaffor yn lle ' llawer ', gan fod ' yr holl ' yn ffurf ar ' lawer '. Yna, yn y llinell, ' hi yn unig sydd heb ran ',[115] meta-fforaidd yw ' yn unig', am y gellir ystyried yr un mwyaf adnabyddus fel yr unig un.

Eto, gall yr esboniad ddibynnu ar acen neu anadliad. Dyna fel y llwyddodd Hippias o Thasos i ddatrys y problemau yn yr ymadroddion ' caniatawn iddo gael ei ddymuniad '[116] a ' pydra rhan yn y glaw '.[117]

Weithiau y mae atalnodi yn gymorth, fel ym mrawddeg Empedocles,

Yn sydyn daeth yn farwol a ddysgodd gynt i fod yn anfarwol, ac anghymysg a fu gynt, yn gymysg.[118]

Gall amwysedd fod yn allwedd, megis yn 'aeth (dwy ran) o'r nos yn llawn',[119] lle mae'r gair 'llawn' yn amwys.

Arfer iaith yw'r esboniad dro arall. Byddwn yn galw dŵr-a-gwin yn 'win'; ac ar yr un egwyddor y sonia'r bardd am 'goeswisg o alcam newydd-ei-wneud'.[120] Yn yr un modd gelwir y rhai sy'n gweithio mewn haearn yn 'weithwyr pres'; a dywedir felly hefyd am Ganumedes ei fod yn 'arllwys y gwin i Zews', er na bydd y duwiau'n yfed gwin.[121] Ond fel metaffor yn ddiau y dylid cymryd hwn hefyd.

Pan ymddengys bod gair yn cynnwys ystyron gwrthwynebus i'w gilydd, dylid chwilio pa sawl ystyr a allai fod iddo yn y darn dan sylw. Er enghraifft, 'yno yr ataliwyd y waywffon bres';[122] dylid gofyn pa sawl ffordd sydd o esbonio yr 'atal yno'. Y safbwynt gorau i'w gymryd yw'r gwrth-1461 b wyneb i'r hyn a ddisgrifia Glawcon.[123] Dywed ef fod beirniaid yn ffurfio casgliad ymlaen llaw mewn ffordd afresymol; byddant yn derbyn syniad, ac yna[124] yn rhesymegu am y peth;[125] a chan gymryd bod y bardd wedi dweud beth bynnag a ddaw i'w meddwl hwy, gwelant fai os yw'r peth yn anghyson â'u ffansi. Dyma'r ffordd y triniwyd y mater ynghylch Icarios. Mae'r beirniaid yn credu iddo fod yn Lacedaimoniad. Credant ei bod felly'n af-resymol na chyfarfu Telemachos[126] ag ef pan aeth i Lacedaimon. Ond hwyrach mai'r hyn a ddywed y Cephal'leniaid sy'n wir. Dywedant i Odussews gymryd gwraig o'u plith hwy, ac mai Icadios ac nid Icarios oedd enw ei thad. Mae'n debyg[127] felly mai camgymeriad a barodd y broblem.

Yn gyffredinol, rhaid cyfiawnhau'r amhosibl yng

ngoleuni gofynion y gelfyddyd neu'r gwirionedd uwch neu'r farn gyffredin. Gyda golwg ar ofynion celfyddyd, dylid dewis y credadwy sy'n amhosibl o flaen yr anghredadwy sydd eto'n bosibl . . . Gall mai amhosibl yw bodolaeth dynion o'r math a ddarluniodd Zewxis. Ond mae'r amhosibl yn uwch, a dylai'r patrwm delfrydol ragori ar ffaith. I gyfiawn-hau'r afresymol, defnyddier y ddadl ei fod yn unol â barn pobl. Hefyd, dangoser nad yw'r afresymol weithiau yn troseddu yn erbyn rheswm; er enghraifft, mae'n debygol y gall peth ddigwydd yn groes i debygolrwydd.

Dylid ystyried y pethau sy'n ymddangos yn anghyson â'i gilydd yn ôl dulliau gwrthbrawf dad-leuol — a olygir yr un peth, mewn perthynas i'r un peth, ac yn yr un ystyr — cyn cydnabod i'r bardd wrthddweud rhywbeth a ddywedodd ei hun neu rywbeth a gymerir yn ganiataol gan berson deallus.

Ceryddir afreswm ac aflendid yn gyfiawn pan na bo rheidrwydd mewnol dros eu defnyddio, megis yr elfen afresymol ynghylch Aigews[128] yn Ewripides, a drygioni Meneläos yn yr *Orestes*.[129]

Daw ceryddon beirniaid felly o bum ffynhonnell. Beiir ar bethau am eu bod yn amhosibl neu yn afresymol neu yn foesol niweidiol neu yn anghyson neu yn groes i gywirdeb y gelfyddyd. Dylid chwilio'r atebion o dan y deuddeg pen a gry-bwyllwyd uchod.

26

Gallai rhywun fod mewn penbleth parthed y cwestiwn hwn: pa un yw'r ffurf uchaf ar efelychiad, yr Epig neu Trasiedi? Os y lleiaf di-chwaeth yw'r uchaf, ac os yw'r math hwn yn denu'r gynulleidfa orau bob amser, mae'n hollol amlwg mai'r gel-fyddyd sy'n efelychu popeth yw'r un ddi-chwaeth.

Byddant yn teimlo na fydd y gynulleidfa'n deall
os nad ychwanegant rywbeth eu hunain, ac felly
bydd y perfformwyr yn gwneud symudiadau
aflonydd, megis y ffliwtwyr gwael yn troi a chwil-
droi pan fydd angen dangos taflu'r discos, neu yn
llusgo'r arweinydd o gwmpas wrth ganu'r *Scul'la*.[130]

Rhywbeth fel hyn, meddir, yw Trasiedi, fel yr
awgrymir gan farn yr hen actorion am y rhai a
ddaeth ar eu hôl. Byddai Munniscos[131] yn galw
Cal'lippides[132] 'yr Epa' oherwydd ei ystumiau
eithafol, a choleddid yr un farn am Pindaros.[133]

1462 a Fel y saif yr actorion diweddar mewn perthynas i'r
hen rai, dyna berthynas holl gelfyddyd Trasiedi,
meddir, i gelfyddyd yr Epig. Oherwydd byddant yn
dweud bod yr Epig yn apelio at gynulleidfa ddi-
wylliedig nad yw'n gofyn o gwbl am ystumiau, ond
Trasiedi at gynulleidfa o safon isel. Gan ei bod yn
ddi-chwaeth yn ôl y ddadl hon, mae'n eglur mai
Trasiedi yw'r gwaelaf o'r ddau.

Eithr mae'r cyhuddiad hwn, yn y lle cyntaf, yn
ymwneud nid â chelfyddyd y bardd, ond â chel-
fyddyd yr actor, gan fod modd gor-wneud arwydd-
ion ystumiol wrth adrodd epig hefyd, fel y gwnâi
Sosistratos, neu wrth gystadlu gyda'r delyn, fel y
gwnâi Mnasitheos o Opws. Nid yw pob symudiad
chwaith i'w gondemnio, mwy na phob dawnsio, ond
yn unig symudiadau'r perfformwyr gwael. Am hyn
y caed bai ar Cal'lippides, ac am hyn y beïr
actorion modern, eu bod yn efelychu merched o
ddosbarth isel.[134] Eto, gall Trasiedi hithau gyn-
hyrchu ei heffaith briod heb symudiadau, yn union
fel Epig; gellir gweld ei gwir nodwedd hyd yn oed
o'i darllen yn unig. Felly, os yw'n rhagori ym
mhopeth arall, nid yw'r bai hwn yn gynhenid ynddi.

Ac y *mae'n* rhagori am ei bod yn cynnwys holl
elfennau'r Epig (gan fedru defnyddio'r mydr epig
hefyd), gyda'r gerddoriaeth yn ychwanegiad

pwysig; daw o hon y pleserau bywiocaf. Hefyd,
daw'r argraff fywiog o ddarllen yn ogystal ag o
berfformio. Ymhellach, cyrhaeddir diben yr efel-
1462 b ychiad o fewn ffiniau cyfyngach mewn amser
(oherwydd mwy dymunol yw'r effaith a wesgir i
ffrâm gyfyng na'r effaith a wasgerir dros amser hir;
pa beth, er enghraifft, fyddai effaith *Oidipws*
Sophocles pe gwneid ef mor hir â'r *Iliad*?). Eto,
mae i'r efelychiad epig lai o unoliaeth (a dyma
brawf: mewn unrhyw gerdd epig ceir deunydd ar
gyfer nifer o drasiedïau). Fel canlyniad, gwneir
unoliaeth o'r stori epig, fe ymddengys, o'i hadrodd
yn fyr, fel pe bai wedi ei chwtogi; neu, os bydd
yn unol â safon yr Epig mewn maint, ymddengys
yn wan ac yn denau.

'Rwy'n cyfeirio at epig a'i stori yn cynnwys
llawer o ddigwyddiadau; mae i'r *Iliad* a'r *Odusseia*
lawer o rannau felly, ac i bob rhan ei maint
annibynnol. Ac eto mae'r cerddi hyn yn cyrraedd
y gwychder mwyaf posibl ac maent mewn ffordd
arbennig yn efelychiad o un digwydd.

Os yw Trasiedi, felly, yn rhagori ar Farddoniaeth
Epig yn y pethau hyn i gyd, ac os yw'n cyflawni
hefyd ei swydd arbennig fel celfyddyd yn well
(oherwydd dylai pob celfyddyd gynhyrchu, nid
unrhyw bleser damweiniol, ond y pleser sy'n
briodol iddi, fel y dywedwyd),[135] mae'n dilyn yn
eglur mai Trasiedi yw'r gelfyddyd uchaf, am mai ei
chelfyddyd hi sy'n cyrraedd ei diben orau.

Bydd hyn yn ddigon fel trafodaeth ar Drasiedi a
Barddoniaeth Epig yn gyffredinol, am eu ffurfiau a'u
rhannau amrywiol, eu nifer a'u gwahaniaethau; am
yr achosion sy'n peri bod cerdd yn dda neu'n
ddrwg; ac am gŵynion y beirniaid a'r atebion
iddynt . . .[136]

Nodiadau

[1] Cerddi crefyddol oedd y *dithurambau* a genid gyda'r ffliwt i'r duw Dionusos.

[2] Emynau o ryw fath oedd y *nomau*. Fe'u cenid gyda'r delyn.

[3] Mae Gudeman ac Else am ddileu y cymal sy'n dechrau 'am mai mewn drwg a da . . .' Eu dadl yw mai ychwanegiad anneallus yw i'r testun gwreiddiol. Mae'r dilëad yn hwylus i bawb sydd am fychanu'r elfen foesol yn yr athrawiaeth. Mae'n eithaf gwir, ar y llaw arall, fod y termau 'aruchel' a 'gwael' yn dwyn lliwiau cymdeithasegol cryf. Y ddelfryd aristocrataidd a adlewyrchir yn y gair 'aruchel'; a'r isel mewn cymdeithas, y dibwys a'r dinod, a gysylltir â'r 'gwael'. Diau bod 'drwg a da' hefyd yn arddangos, i raddau, syniadau tebyg. Ond rhaid eu derbyn fel rhan bwysig o'r safbwynt.

[4] Llai tebyg yw dehongliad S. H. Butcher: 'mae'n rhaid eu hefelychu naill ai yn well nag ydynt mewn bywyd ei hun neu yn waeth, neu yn union fel y maent'.

[5] Dyfalodd Castelvetro, yn yr unfed ganrif ar bymtheg, mai terfyniad yw'r -*gas* a geir yma yn Llawysgrif Paris i enw un a oedd yn hysbys yn yr hen fyd fel awdur nomau, sef Argas.

[6] Cyfoeswyr ag Ewripides oedd y ddau yma, ac 'roedd eu cerddi yn ymwneud â'r chwedl am Poluphemos, un o'r Cuclopiaid a ymserchodd yn y numff Galatea.

[7] Trasiedïwyr enwocaf Groeg oedd Aischulos a Sophocles ac Ewripides, y tri o'r bumed ganrif C.C. Ymddengys mai Sophocles a edmygid fwyaf gan Aristoteles. Ymysg trasiedïau Sophocles y mae *Oidipws Frenin* ac *Antigone;* troswyd y gyntaf i'r Gymraeg gan Euros Bowen (Caerdydd, 1972), a'r ail gan W. J. Gruffydd (Caerdydd, 1950).

[8] Pencampwr yr Hen Gomedi oedd Aristophanes, ac ymysg ei gomedïau enwocaf yr oedd *Y Cymylau,* lle mae Socrates yn brif gymeriad, a'r *Llyffantod,* lle cymherir doniau Aischulos ac Ewripides.

[9] Gan darddu 'drama' o *drân,* 'gwneud'.

[10] Sgrifennai Epicharmos comedïau yn Sisilia o gwmpas y flwyddyn 485 C.C. Ychydig wedi hynny, mae'n debyg, yr ymddangosodd comedïau Chionides a Magnes yn Athen.

[10]a Epig ysgafn am dwpsyn hollwybodol oedd y *Margites,* ac o gyfnod llawer hwyrach na'r cerddi Homeraidd.

[11] Cerddi cwrs a di-chwaeth. Byddai'r cantorion, fel yr actorion yng nghomedïau Athen, yn gwisgo'r *ffal'los,* sef model mawr o'r aelod gwrywaidd. Er i Twm o'r Nant ymwrthod â'r arfer, byddai'r Ffŵl yn yr hen anterliwtiau Cymraeg yn gwisgo teclyn ffalig.

[12] Mae cyfeiriad yma, o bosibl, at y ddrama saturig, ffurf gyntefig a berfformid gan bobl wedi ymwisgo yn rhannol yn ffurf geifr fel addolwyr Dionusos. Yn yr ŵyl ddrama fawr yn Athen byddai beirdd yn cyflwyno tair trasiedi ac un ddrama saturig. Ar y llaw arall nid yw Aristoteles yn

cyfeirio at y ddrama saturig mewn unrhyw fan arall, a'i bwyslais yw mai'r dithuramb yw tarddiad trasiedi. Doethach felly yw synied ei fod yn cyfeirio yma at ffurf o drasiedi a gynhwysai elfennau nodweddiadol o'r ddrama saturig, sef sgwrsio chwareus a dawnsio.

[13] Yn y bumed ganrif yn Athen yr oedd naw o Archoniaid, neu brif swyddogion y llywodraeth. Byddai'r dramäwyr yn cynnig eu gweithiau i'r Archon a lywyddai yng ngŵyl Dionusos, ac wedi iddo ddewis y rhai gorau, trefnai fod pob dramäwr yn cael *Chorêgos* i dalu costau ei gôr.

[14] h.y., barddoniaeth epig. Gweler penodau 23-24. Ond ni chaiff Comedi ymdriniaeth bellach ganddo.

[15] Neu, 'yn peri carthiad o'r fath deimladau'. Nid tebygol mo'r dehongliad arall, 'yn peri puredigaeth o'r fath deimladau'. Gweler y Rhagymadrodd, 11, *Catharsis*.

[16] Yn dilyn y frawddeg hon mae rhai llawysgrifau yn cynnwys y geiriau a ganlyn:
'Mewn digwydd y gwelir dedwyddwch a thrueni dynion; rhyw fath o ddigwydd yw ei nod, nid math o gyflwr. Bydd nodweddion dynion yn dilyn eu cymeriadau, ond y digwyddiadau a weithredir ganddynt sy'n gwneud dynion yn ddedwydd neu fel arall.'
Mae Kassel yn gwrthod y darn hwn. Nid yw ar gael yn y cyfieithiad Arabeg.

[17] Cred Bywater na ellir cynnwys yma yr ystyr o 'gystadleuaeth'; ond yn unig mewn cystadleuaeth y trefnai'r Groegiaid gyflwyniad o ddrama.

[18] Drwy hap, efallai, neu drwy ymyriad dwyfol. Trafodir yr ymyriad dwyfol, y *Deus ex Machina*, mewn pennod arall (15).

[19] Mae'r testun yn ansicr yn y cymal hwn. Ni cheir tystiolaeth o gwbl am ddefnyddio clociau dwfr gyda dramâu, ond fe'u defnyddid yn y llysoedd barn, lle mesurid amser y siaradwyr â'r *clepsudra*. Teclyn oedd hwn ag ynddo ddwfr yn disgyn o'r naill ran i'r llall drwy dwll bychan.

[20] Mewn gwirionedd mae'r *Odusseia* (19, 392-466) yn adrodd yr hanes am Odussews, pan oedd yn fachgen ifanc, yn ymweld ag Awtolucos a chael ei glwyfo ar Fynydd Parnassos wrth hela. Tybed felly a oedd y rhan hon yn perthyn i'r testun yr oedd Aristoteles yn gyfarwydd ag ef? Mae Gudeman yn nodi bod Platon yn cyfeirio at ran o'r hanes (gweler *Y Wladwriaeth*, 334 A-B, cyf. D. Emrys Evans, t. 10). Mae'n bosibl mai anghofio a wnaeth Aristoteles; dadl Bywater yw ei fod yn gwybod ac yn cofio am y peth, ond nad yw'n ystyried bod y digwyddiad yn rhan o brif ddigwydd yr epig.

Yn ôl yr hanesyn arall bu Odussews ar un adeg yn ffugio ei fod yn wallgof er mwyn osgoi ei ddyletswydd filwrol o ddilyn y Brenin Agamemnon i Gaer Droea. Ond nid oes adroddiad am hyn yn yr *Odusseia* na'r *Iliad;* yn y *Cupria* y soniwyd amdano, cerdd epig goll a oedd yn ddiweddarach na'r cerddi Homeraidd.

[21] Mewn Trasiedi yr arwyr traddodiadol yn chwedloniaeth y genedl oedd y cymeriadau gan mwyaf (eithriad yw *Persai* Aischulos); ac edrychir arnynt yma yn fwy fel teipiau nag fel personau gwir, er bod Aristoteles yn derbyn yn fras mai hanes yw'r chwedlau.

[22] Dychanu personau a wnâi'r beirdd iambig fel Alcaios. Ond byddai Aristophanes yntau yn gwneud hynny yn ei gomedïau, megis pan

ddychanai Ewripides yn y *Llyffantod* neu Socrates yn y *Cymylau*. Am y Gomedi Newydd ddiweddarach y meddyliai Aristoteles yma. Yn y Gomedi Newydd ni chyfeirid at bersonau gwir.

[23] Cydoeswr ag Ewripides. Enillodd y wobr am drasiedi yn 416 C.C. ac mae Platon yn ei *Sumposion* yn cyfeirio at wledd a gynhaliwyd i ddathlu ei fuddugoliaeth. Nid oes sicrwydd am enw ei ddrama; efallai mai *Blodeuyn* oedd ei ystyr, neu enw personol yn tarddu o *anthos*, ' blodeuyn '. Ef oedd yr enwocaf o'r trasiedïwyr ar ôl y tri mawr, ac ymddengys iddo fentro ar arddull a chyflwyniad bywiog a gwreiddiol.

[24] Golyga'r gair Groeg am fardd (*poiêtês*) ' wneuthurwr ' neu ' grëwr '.

[25] Yn 9-10, 1451b - 52a; gweler y Rhagymadrodd, t. 23.

[26] Effaith adroddiad y negesydd yn nrama Sophocles yw dangos ddarfod i Oidipws gyflawni'r broffwydoliaeth a ofnodd, sef iddo ladd ei dad a phriodi ei fam. Eto mae'r Gennad o Gorinth wedi dod i'w galonogi: gweler llinellau 924 yml. a throsiad Euros Bowen (Caerdydd, 1972), 45 yml.

[27] Drama gan Theodectes, trasiedïwr o'r bedwaredd ganrif. Gweler y Rhagymadrodd, t. 25.

[28] Nid yw hyn yn wir am y trasiedïau sydd ar gael.

[29] Yn erbyn y syniad hwn gellid dadlau y byddai drama am groes-hoeliad Crist yn addas i'r disgrifiad, eithr gydag effaith amgenach.

[30] Ai moesol ai meddyliol yw'r diffyg (*hamartia*) sydd ym meddwl Aristoteles? Gweler y Rhagymadrodd, t. 35 yml., lle awgrymir cyfuno'r ddau syniad.

[31] Gweler y sylwadau beirniadol ar Ewripides ym mhenodau 14, 15 a 25.

[32] Dywedai'r chwedl am ladd Agamemnon, pan ddychwelodd o Gaer Droea, gan ei wraig Clutaimnestra, a fu mewn carwriaeth odinebus gydag Aigisthos. Yna lladdwyd Clutaimnestra gan ei mab Orestes.

[33] Lladdwyd Eriphule gan ei mab Alcmeon, yn ôl y chwedl, oherwydd iddi, er mwyn ennill rhodd ddrudfawr, ddarbwyllo ei gŵr Amphiaräos i fynd i ymgyrch y Saith yn erbyn Thebai, lle y lladdwyd ef.

[34] Pan ganfu Medea fod Jason wedi ei gadael er mwyn canlyn merch brenin Corinth, mewn ysbryd dialgar lladdodd eu dau blentyn. Darlunir hyn — ond nid ar y llwyfan — yn nrama Ewripides, *Medea*.

[35] Bu cweryl rhwng Oidipws a Laïos, cyn agor o'r ddrama, pan gyfarfuont ar groesffordd. Lladdodd Oidipws Laïos, heb wybod mai ef oedd ei dad.

[36] Trasiedïwr o'r bedwaredd ganrif C.C.

[37] Mab i Odussews a Circe oedd Telegonos, yn ôl y chwedl. Daeth i Ithaca i chwilio am ei dad a lladdodd ef heb wybod pwy ydoedd. Efallai mai Sophocles oedd awdur y ddrama.

[38] Yn nrama Sophocles yn dwyn yr enw hwn, mae Creon yn gweld ei fab Haimon yn cofleidio corff marw Antigone. Yr oedd Antigone wedi gwrthwynebu gorchymyn creulon a roes Creon, a cherid hi gan Haimon. Yna mae Haimon yn ceisio lladd Creon, ond yn methu.

[39] Drama gan Ewripides, ond nid yw ar gael.

[40] Iphigeneia ac Orestes.

[41] Ni wyddys pwy oedd awdur y ddrama hon, na beth yn hollol oedd ei thema. Yn ôl y chwedl adnabyddus yr oedd Hel'le yn ferch i Nephele, a phan anfonwyd hi a'i brawd Phrixos i Colchis ar gefn hwrdd, syrthiodd hi i'r môr a rhoi i'r Hel'lespont ei enw (sef Culfor Dardanelles heddiw).

125

[42] Dadl Aristoteles yw bod Ewripides yn ei *Orestes* wedi portreadu Menelaos yn waeth nag yr oedd rhediad y ddrama yn ei ofyn.

[43] Cerdd ddithurambig gan Timotheos oedd y *Scul'la.* Awgrymir i Timotheos roi cymeriad anaddas i Odussews, gan na fyddai'r Odussews traddodiadol yn debyg o ymdaflu i alarnadau.

[44] Rhannau yn unig o ddrama Ewripides, *Melanippe, y Wraig Ddoeth* sydd ar gael, ond maent yn cynnwys peth o'r araith y lleddir arni yma. Ymddengys na allai Aristoteles gredu bod doethineb yn bosibl mewn gwraig.

[45] Ewripides a gystwyir eto. Yn niwedd y ddrama hon dengys Iphigeneia ysbryd dewr, a chred Aristoteles fod hyn yn anghyson â'r agwedd ymbilgar a ddangosir ganddi ar y dechrau.

[46] Yn y *Medea* caiff *Medea* ei hun ddianc yn y diwedd yng ngherbyd yr haul. Dyma'r cerbyd, hwyrach, a roes fod i'r ymadrodd ' Y Duw o'r Cerbyd ', *Deus ex Machina.* Mewn dramâu modern ffurf gyffredin arno yw'r ddamwain sy'n symud yr adyn du neu ymddangosiad cyfleus yr ewythr cyfoethog yn yr act olaf. Gweler y Rhagymadrodd, t. 29.

[47] Ceir y dduwies Athene, yn ail lyfr yr *Iliad,* yn rhwystro ymadawiad y Groegiaid; dyma enghraifft, felly, o ymyriad tebyg.

[48] Ar ddechrau'r ddrama cyhoedda Oidipws ei fod am ddod o hyd i'r un a lofruddiodd Laïos. Gellid meddwl ei bod yn rhyfedd na feddyliodd o gwbl am ei weithred ei hun yn lladd dyn ar y groesffordd. Ond dadleuir, gan fod y weithred hon yn digwydd cyn y ddrama, na bydd y gynulleidfa yn synio amdani fel rhywbeth sy'n dwyn elfen afresymol i'r ddrama. Cymharer trafodaeth Euros Bowen ar y stori yn ei gyfieithiad o'r ddrama (Caerdydd, 1973), x yml.

[49] Brawddeg amheus yn y testun. Mae un darlleniad yn cyfeirio at y trasiedïwr Agathon. Gallai ei ddrama *Telephos* fod wedi cynnwys cymeriad Achil'les.

[50] Ym Mhennod 11.

[51] At ' farciau geni ' y cyfeirir yma. Disgynyddion y Spartoi yn Thebaï a ddygai'r ' waywffon '; ar ddisgynyddion Pelops, tad Thuestes, y gwelid y ' sêr ' neu'r ysmotiau gwynion a ystyrrid yn etifeddiaeth oddi wrth ysgwydd ifori Pelops ei hun. Trasiedïwr o'r bedwaredd ganrif oedd Carcinos. Yn ôl y *Swda,* lexicon llenyddol a gyfansoddwyd yn y ddegfed ganrif A.D., sgrifennodd Carcinos 160 o ddramâu.

[52] Drama gan Sophocles. Adroddai am ddarganfod dau blentyn Turo mewn math o arch ar Afon Enipews.

[53] Yn *Odusseia* XIX a XXI. Pan ddaeth Odussews yn ôl i'w blas, fe'i dieithrodd ei hun yn ei ymddangosiad, ond llwyddodd Ewrucleia i'w adnabod drwy ei glais. Ar y llaw arall, datgelodd ei hun i'r bugeiliaid a phrofi hynny drwy ddangos ei glais iddynt.

[54] Yn ôl defod yr amserau — defod a barai gryn anhawster i'r Pwritan W. E. Gladstone, a oedd yn hoff iawn o Homer — cafodd ei gorff ei olchi gan y brif forwyn, Ewrucleia, ei famaeth gynt. Sylwodd hi ar yr hen glais ar ei glun.

[55] Treisiwyd Philomela, yn ôl y stori, gan Terews, brenin Thracia, a thorrwyd ei thafod allan ganddo. Trwy gyfrwng darlun mewn brodwaith yr eglurodd Philomela i'w chwaer, Procne, yr hyn a oedd wedi digwydd. 'Roedd ei chwaer, Procne, yn briod â Terews, ond ceisiodd ddial arno am ei anfadwaith. Pan oedd Terews ar fin lladd y ddwy

chwaer, cafodd y tri eu troi yn adar — Philomela yn wennol a Phrocne yn eos (neu fel arall yn y traddodiad Lladin ac yng ngherdd M. Arnold i'r eos).

⁵⁶ Un arall o drasiedïwyr y bedwaredd ganrif oedd Dicaiogenes. Adnabuwyd Tewcros yn Salamis oherwydd iddo wylo pan welodd ddarlun o'i dad Telamon.

⁵⁷ Yn *Odusseia*, VIII.

⁵⁸ Dyma ymresymiad Electra yn nrama Aischulos, y *Chöephoroi* (*Cludwyr yr Offrwm Diod*).

⁵⁹ Yn ôl pob tebyg beirniad oedd Polüidos ac nid bardd.

⁶⁰ a ⁶¹ Dramâu a gollwyd.

⁶² Ansicr yw'r testun a'r ystyr.

⁶³ Nid yw'n glir pa beth yn hollol oedd y gwall. Ond y pwynt yw mai gwall oedd a ddihangai'n hawdd rhag sylw awdur nad oedd yn gweld yr olygfa o flaen llygaid ei feddwl.

⁶⁴ Cyfeirir at ei ddrama *Iphigeneia Hê en Tawrois*.

⁶⁵ Gweler Pennod 11. Y plentyn yw Abas, mab Luncews a Hupermnestra.

⁶⁶ Cyfeirir, mae'n debyg, at y Gwrthdro, y Darganfyddiad, y Dioddef, a Chymeriad, a drafodwyd ym mhenodau 10-15.

⁶⁷ Drama goll gan Sophocles. Cartref Achil'les oedd Phthia.

⁶⁸ Tad Achil'les oedd Pelews. Sgrifennodd Sophocles ac Ewripides ddramâu yn dwyn yr enw hwn.

⁶⁹ Mae'r testun yn amheus. Awgrym Bywater yw darllen *opsis*, ' Arddangosiad '.

⁷⁰ Dramâu saturig, hwyrach gan Aischulos. Math arbennig, gwahanol i Drasiedi a Chomedi, oedd y ddrama saturig. Rhialtwch a direidi a'i nodweddai, a darluniai'n aml yr un cymeriadau ag a welid yn y trasiedïau. Cymh. nodiad 12.

⁷¹ Dywedai'r chwedl fod gan Niobe saith o feibion a saith o ferched. Ymffrostiodd ei bod yn rhagori ar y dduwies Leto, nad oedd ganddi ond dau o blant. Lladdwyd ei phlant oll, am hyn, gan Apol'lon, mab Leto, a throi Niobe ei hun yn faen; cymaint oedd ei gofid fel y dôi ei dagrau drwy'r maen. Ni wyddys pa ran o'r stori a gymerth Aischulos yn destun.

⁷² Oherwydd ei ddrygioni dywedwyd i Sisuphos oddef cosb arbennig yn y byd arall, sef gorfod treiglo carreg fawr i ben rhiw, a'i chael yn syrthio i lawr eto pan gyrhaeddai yno.

⁷³ Mae *Rheitheg* Aristoteles yn ehangach ei maes na'r *Farddoneg* am ei bod yn trafod y defnydd a wneir o iaith yn gyffredinol, er mai'r siaradwr cyhoeddus, ac felly rhyddiaith, sy'n bennaf yn ei feddwl yno. Ceir trafodaeth fuddiol gan G. M. A. Grube, *The Greek and Roman Critics*, 92 yml. ac M. E. Hubbard yn *Ancient Literary Criticism* (gol. Russell a Winterbottom), 134 yml.

⁷⁴ Geiriau agoriadol *Iliad* Homer. Gweler R. Morris Lewis, *Iliad Homer*, gyda chwanegiadau gan T. Gwynn Jones (Wrecsam, 1928). Trosiad Morris Lewis o'r llinell gyntaf enwog yw:

Digofaint Achil, nefol Awen, cân.

⁷⁵ Mae'r testun yn amheus. Awgrymodd Susemihl, ysgolhaig Almaenaidd, ar sail y fersiwn Arabeg, fod ' nid ' wedi syrthio allan o'r testun. A chredaf ei fod yn iawn. Hyn wedyn fyddai ystyr y frawddeg: ' felly nid yw GR heb A yn sillaf, ond gydag A y mae'n sillaf, sef GRA.'

127

⁷⁶ Ym mrawddeg gyntaf y bennod troswyd y gair hwn fel ' y fannod '. Nid dyna'i ystyr yma, ac anodd pennu'r ystyr yn hollol.

⁷⁷ Tair afon yn Asia Leiaf — Hermos, Caïcos, Xanthos — sy'n ffurfio'r enw hwn. Sefydlwyd Massilia (Marseilles) fel trefedigaeth gan ddinas Phocaia yn Asia Leiaf.

⁷⁸ Fel y gwelir yn y paragraff nesaf, nid yr ystyr o ' enw cyffredin ' yn ein gramadegau ni sydd ym meddwl Aristoteles.

⁷⁹ Cyfeiria'r ' pres ', efallai, yn yr ymadrodd cyntaf at gyllell y meddyg neu at gleddyf; yn yr ail mae'n cyfeirio at y weithred o dorri drwy'r tir at ffynnon o ddŵr.

⁸⁰ Mae cwpan yn gweddu iddo fel duw'r gwin.

⁸¹ Duw rhyfel oedd Ares. Hwyrach mai tebygrwydd ffurf a barai'r gymhariaeth rhwng ei darian ef a chwpan Dionusos. Dyfynnir yr ymadroddion o waith beirdd.

⁸² Bardd-athronydd o Sisilia oedd Empedocles. Yn y bumed ganrif cyn Crist y bu fyw. Darnau yn unig o'i weithiau sy'n hysbys heddiw, ac ynddynt nid oes ymadrodd tebyg i'r un a ddyfynnir.

⁸³ Ni wyddys pwy yw'r bardd a ganodd fel hyn. Cymharer, am y syniad, emyn Watcyn Wyn:

> I ddyfnderoedd pob caledi
> Nefol wawr
> Dreiddia i lawr,
> Duw sy'n hau goleuni.

⁸⁴ Ar ddechrau 57b sonnir am enw ' addurnol ' ar ôl crybwyll enw metafforaidd. Ymddengys bod yr ymdriniaeth ar y math hwn wedi diflannu yma.

⁸⁵ Talfyriad yw *kri* yn lle *krithê*, ' haidd ', *dô* yn lle *dôma*, ' tŷ ', ac *ops* yn lle *opsis*, ' wyneb '.

⁸⁶ Dywedir amdano ym Mhennod 2 ei fod yn portreadu dynion ' yr un fath ' ag y maent.

⁸⁷ Cyfeirir at y cwpan pres a ddefnyddid i dynnu gwaed oddi wrth gleifion. Gwesgid ef yn dynn ar y corff, a'i boethi â thân neu fflam. Cymharer ' dychymyg ' Samson: ' Allan o'r bwytäwr y daeth bwyd, ac o'r cryf y daeth allan felysdra.'

⁸⁸ Pwynt y llinellau hyn yw nid eu hystyr ond y ffaith eu bod yn gorddefnyddio'r hawl i beri bod llafariaid byrion yn cael eu hystyried yn hir drwy bwyslais y mydr.

⁸⁹ Mae dwy enghraifft yma o'r arddodiad yn dilyn yr enw yn lle dod o'i flaen.

⁹⁰ Ystyron eraill posibl yw ' mewn areithiau ' neu ' mewn rhyddiaith '.

⁹¹ Yn 480 C.C. y gorchfygwyd llynges Persia gan lynges Groeg yn Salamis; a'r un flwyddyn trechwyd y Carthaginiaid yn Sisilia.

⁹² Gweler Pennod 8.

⁹³ Yn ail ran *Iliad*, II.

⁹⁴ Nid yw'r *Cupria* na'r *Iliad Bychan* ar gael bellach, ond gwyddom mai thema'r epig cyntaf oedd dyfarniad Paris a'r rhyfel yng Nghaer Droea; diwedd y rhyfel hwn oedd thema'r *Iliad Bychan*.

⁹⁵ Cyfeiria'r ymadrodd, yn ôl pob tebyg, at gyfanswm y dramâu a gyflwynid mewn un ŵyl. Yng Ngŵyl Ddinesig Dionusos cyfyngid nifer y beirdd a gystadlai i dri. Byddai unrhyw un yn medru cystadlu ar y cychwyn, ond dewisid y tri gorau i gystadlu yn yr ŵyl ei hun drwy lwyfannu eu dramâu, yn union fel y cyfyngir y llwyfan i nifer bychan

128

o gantorion yn Eisteddfod Genedlaethol Cymru. Byddai pob un o'r tri bardd a ddewisid yn cyflwyno tair trasiedi, heb sôn am y dramâu saturig, y byddai eu nifer yn amrywio o gyfnod i gyfnod. Gweler ymhellach T. Hudson-Williams, *Y Groegiaid Gynt*, 61 yml.; A. W. Pickard-Cambridge, *The Dramatic Festivals of Athens*, diw. J. Gould a D. M. Lewis, 272 yml.

[96] Byddai cerddi epig yn yr hen fyd yn cael eu hadrodd yn aml yn gyhoeddus. Yn wir, gwrando ac nid darllen oedd cyfrwng arferol yr wybodaeth ohonynt. Ceir arferion tebyg heddiw ymysg pobloedd sy wedi cadw'r traddodiad llafar gyda cherddi cynnar. Ym 1960 ym Moscow clywais fardd gwerin o Cirgizia, gwlad o ddwyrain yr Undeb Sofiet, yn adrodd epig a gadwyd ar lafar; gweler Kate Bosse-Griffiths, *Trem ar Rwsia a Berlin* (Llandysul, 1962), 135 yml.

[97] Y mesur chweban a ddefnyddid mewn cerddi epig. Am ddisgrifiad ohono gweler H. J. Rose a T. Gwynn Jones, *Blodau o Hen Ardd*, 10-11.

[98] Ym Mhennod 1 dywedir i Chairemon sgrifennu'r *Centawros*, ' cerdd sy'n gymysgedd o'r holl fesurau '.

[99] Yr elfen afresymol (yn yr *Iliad*, XXII) yw bod Achil'les drwy ysgwyd ei ben yn medru atal rhuthr y lluoedd Groegaidd ar ôl Hector.

[100] *Odusseia*, XIX. Dywed Odussews wrth Penelope mai Cretiad ydyw a groesawodd ei gŵr ar ei ffordd i Gaer Droea. Disgrifia Odussews a'i gyfeillion, ac am fod y disgrifiad yn gywir, mae Penelope'n credu mai Cretiad ydyw; hynny yw, mae'n credu'r honiad cyntaf am fod yr ail yn wir.

[101] Drama gan Sophocles. Triniwyd yr un stori gan Aischulos ac Ewripides, ond heb y manylion hyn.

[102] Drama goll. Aischulos, efallai, oedd ei hawdur.

[103] Mae'r testun yn ansicr yn y cymal hwn.

[104] Yn *Odusseia*, XIII, cludir Odussews i'r lan ar ôl i'w long daro'r tir. Ond deil Odussews i gysgu!

[105] Mae'r gair Groeg yn cynnwys y syniad o gywirdeb moesol.

[106] Dywed Hamilton Fyfe yn ei esboniad bywiog mai Aristoteles sy'n anghywir yma, a bod ceffylau *yn* taflu'r ddwydroed dde allan yr un pryd ar adegau. Yn ôl Gudeman bydd camelod yn gwneud hynny'n gyson.

[107] Gweler Pennod 24.

[108] Rhwng 540 a 500 C.C. yr oedd Xenophanes yn ymosod yn ffyrnig ar ddiwinyddiaeth Homer. Beiai anfoesoldeb ei dduwiau, a daeth i'r casgliad mai ffug oedd y chwedlau amdanynt. Dyma un o'i ddywediadau enwog:

' Dywed yr Ethiopiaid fod eu duwiau hwy â thrwynau gwastad a chroen du, a'r Thraciaid fod eu duwiau hwy â llygaid glas a gwallt coch. Pe bai gan wartheg a cheffylau ddwylo a phe dymunent wneud lluniau â'u dwylo a gwneud gweithiau o gelfyddyd fel dynion, yna byddai ceffylau yn darlunio eu duwiau yn ffurf ceffylau, a gwartheg yn ffurf gwartheg, a gwnaent eu cyrff fel eu cyrff eu hunain.'

Gweler Kirk a Raven, *The Presocratic Philosophers* (Caer-grawnt, 1957, ad-argr. 1960), 168-9.

[109] *Iliad*, X. 152. Beirniedid yr ymadrodd am fod y ffordd hon o osod gwaywffyn i lawr yn ymddangos yn un beryglus.

[110] *Iliad*, I. 50. Disgrifir Apol'lon yn anfon pla ar y Groegiaid. Paham

129

y dechreuodd y duw gyda'r mulod? Awgrym un o'r beirniaid oedd bod hyn yn *infra dignitatem* i dduw. Atebir mai metaffor yw 'mulod' yma am 'wylwyr'.

[111] *Iliad*, X. 316.

[112] *Iliad*, IX. 203.

[113] *Iliad*, II. 1 a X. 1.

[114] *Iliad*, X. 13, 14. Y broblem a godid oedd, os oedd pawb yn cysgu, pwy oedd yn canu'r fflwtiau a'r pibau?

[115] *Iliad*, XVIII. 489.

[116] *Iliad*, II. 15. Ond nid yw'r testun sy gennym ni yr un fath. Drwy newid yr acen ceir yr ystyr 'caniata iddo', a throir ymadrodd anwireddus o enw Zews.

[117] *Iliad*, XXIII. 328. Sonnir am ddarn o 'dderwen neu binwydden, y mae rhan ohoni'n pydru yn y glaw'. Cwynid bod hyn yn anghywir, oherwydd credid yn yr hen fyd nad oedd derw na phin yn pydru. Trwy newid yr anadliad mewn un gair, ceir 'derwen neu binwydden *nad* yw'n pydru yn y glaw'.

[118] Am yr atomau y soniai Empedocles. Heb yr atalnod gallai 'ac anghymysg a fu gynt yn gymysg' olygu bod yr atomau wedi dechrau'n gymysg ac wedi datblygu'n anghymysg.

[119] *Iliad*, X. 253. Dywedir yno bod 'mwy na dwy ran' o'r nos wedi mynd, ond bod y drydedd ran ar ôl. Byddai hyn yn ffôl. Ond gall olygu bod 'dwy ran gyflawn' wedi mynd, ac achubir felly y synnwyr am y gweddill.

[120] Gwneid coeswisgoedd o fetel cyfansawdd, sef o alcam a chopr. Defnyddir y gair 'alcam' felly yn debyg i'r gair 'gwin'.

[121] Nid am eu bod yn ddirwestwyr, ond am fod ganddynt well diod nag unrhyw ddiod feidrol, sef neithdar.

[122] *Iliad*, XX. 272. Disgrifir arfwisg Achil'les a wnaed gan y duw Hephaistos. Yr oedd iddo bum haen o fetel, dwy o alcam a dwy o bres, ac un o aur. Dywed Homer am y waywffon a hyrddiodd Aeneas at Achil'les, iddo gael ei atal yn yr haen aur ar ôl treiddio drwy ddwy haen arall. Dadleuwyd mai yr aur oedd yr haen ar yr wyneb. Dyna oedd yr arfer er mwyn iawn addurn. Ond anodd i'r beirniaid oedd esbonio'r cyfeiriad at dreiddio dwy haen ac eto bod yr aur wedi atal y peth. Awgrym Bywater ydyw cymhwyso'r syniad am amwysedd. Gallasai'r aur fod yn brif gyfrwng yr atal er i'r waywffon dreiddio ychydig ymhellach. Ymddengys y ddadl erbyn heddiw yn dipyn o 'bont asynod' fel y dywedid yn yr Oesau Canol. Ond rhaid cofio i'r Groegiaid drin a thrafod pob cymal yn Homer fel y byddai Ysgolion Sul Cymru yn arfer trin y Beibl.

[123] Beirniad Homeraidd oedd Glawcon, yr un un hwyrach ag a enwir yn *Ion* Platon.

[124] Neu, efallai, 'byddant yn condemnio'. Mae D. W. Lucas yn pleidio 'byddant yn derbyn (y syniad)'.

[125] Nid yw'r arfer wedi marw hyd heddiw. Cymharer llinellau D. R. Griffiths:

> *Y Beirniad a'i Ysglyfaeth*
> *Rhydd iddynt uffern wedi ei phoethi hyd saith waith;*
> *Ac yna bydd yn dechrau darllen peth o'u gwaith.*
> (*Cerddi Cadwgan*, Abertawe, 1953, t. 36)

[126] Mab Odussews a Penelope oedd Telemachos. Mae *Odusseia* IV yn adrodd amdano'n mynd i Lacedaimon neu Sparta. Tad Penelope oedd Icarios.

[127] Mae Kassel yn amheus o'r cymal hwn.

[128] Ym *Medea* Ewripides cynigir noddfa i Medea gan Aigews, Brenin Athen. Awgrym Aristoteles yw mai cyd-ddigwyddiad cyfleus yw hyn, heb fod sail iddo yn nigwyddiadau blaenorol y ddrama.

[129] Gweler Pennod 15.

[130] Cerdd ddithurambig gan Timotheos. Yr oedd gan Scul'la chwe phen, ac yr oedd ei choesau yn seirff ac yn gŵn. Yr oedd cyfle mawr, felly, i ddireidi'r chwaraewyr gyda darn fel hwn.

[131] Gŵr o Chalcis oedd Munniscos a gymerai'r brif ran yn nramâu diweddar Aischulos. 'Gor-actio', y mae'n amlwg, oedd ei fai.

[132] Cyd-oeswr ieuanc â Munniscos, ac enwog am ei actio mewn trasiedïau.

[133] Nid oes wybodaeth amdano o unrhyw ffynhonnell arall.

[134] Byddai'r theatr Groegaidd yn trefnu bod dynion yn chwarae rhan y merched, fel y byddai theatr Llundain yn oes Shakespeare ac fel y gwneid hefyd yn yr anterliwtiau.

[135] Gweler Penodau 13 a 14.

[136] Yn y rhan a gollwyd ar ôl hyn mae'n eithaf posibl mai cymharu Trasiedi a Chomedi a wnaeth Aristoteles. Diau iddo hawlio rhagoriaeth i Drasiedi yn y gymhariaeth honno hefyd.

131

RHAI LLYFRAU AC EFRYDIAU

(a) Y TESTUN

Argraffiadau o'r testun, Cyfieithiadau, Esboniadau

ALBEGGIANI, Ferdinando. *Aristotele*: *La Poetica*. Introduzione, Traduzione, Commento. Firenze, 1934.

BUTCHER, S. H. *The Poetics of Aristotle*. Edited with critical notes and a translation. Llundain, 1898.
Aristotle's Theory of Poetry and Fine Art. With a critical text and translation of *The Poetics*. Argr. 4, Llundain, 1907; ad-argr. Efrog Newydd, 1951.

BYWATER, Ingram. *Aristotle on the Art of Poetry*. Rhydychen, 1909.

CASTELVETRO, Lodovico. *Poetica d'Aristotele vulgarizzata et sposta*. Vienna, 1570, ail argr. München, 1968.

COOPER, Lane. *Aristotle on the Art of Poetry*. An amplified version with supplementary Illustrations. 1913, ail argr. Efrog Newydd, 1947.

DORSCH, T. S. *Classical Literary Criticism*. Aristotle, On the Art of Poetry; Horace, On the Art of Poetry; Longinus, On the Sublime. Translated with an Introduction. Penguin, 1965.

ELSE, Gerald F. *Aristotle's Poetics*: *The Argument*. Harvard, Mass., 1957.
Aristotle's Poetics. Translated with an Introduction and Notes. Ann Arbor, 1967.

FYFE, W. Hamilton. *Aristotle, The Poetics*. Text and Translation. (With 'Longinus' *On the Sublime* and Demetrius *On Style*). Loeb Classical Library, Llundain, 1927; ail argr. 1932 a 1939.
Aristotle's Art of Poetry. Rhydychen, 1940, ad-argr. 1952.

GOLDEN, Leon a HARDISON, O. B., Jr. *Aristotle's Poetics*. A Translation and Commentary for Students of Literature. Englewood Cliffs, N.J., 1968.

GUDEMAN, Alfred. Aristoteles, *Peri Poiêtikês*. Berlin, 1934.

HARDISON, O. B., Jr. Gweler GOLDEN, Leon.

HARDY, J. *Aristote*: *Poétique*. Collection Budé. Ail argr. Paris, 1952.

HUBBARD, M. E., yn *Ancient Literary Criticism*, ed. D. A. Russell ac M. Winterbottom, tt. 85-132. Rhydychen, 1972.

KASSEL, Rudolf. *Aristotelis De Arte Poetica Liber*. Scriptorum Classicorum Bibliotheca Oxoniensis. Rhydychen, 1965.

LUCAS, D. W. *Aristotle, Poetics*. With Introduction, Commentary, and Appendices. Rhydychen, 1968, ad-argr. 1972.

MARGOLIOUTH, D. S. *The Poetics of Aristotle*. Llundain, 1911.

MONTMOLLIN, Daniel De. *La Poétique d'Aristote*. Texte primitif et additions ultérieures. Neuchâtel, 1951.

NEWELS, Margarete. *Poetica de Aristoteles traducida de latin.* Ilustrada y comentada por Juan Pablo Martir Rizo. Bearbeitet und eingeleitet von Margarete Newels. Köln, 1965.

OWEN, A. S. *Aristotle on the Art of Poetry.* An Analytic Commentary and Notes. Rhydychen, 1931.

POTTS, L. J. *Aristotle on the Art of Fiction.* An English translation of Aristotle's *Poetics.* Caer-grawnt, 1968.

RIZO, Juan Pablo Martir. gweler NEWELS, Margarete.

ROSTAGNI, Augusto. *La Poetica di Aristotele.* Torino, 1927.

Aristotele: Poetica. Ail argr. diw. o'r llyfr blaenorol. Torino, 1945.

SAMARANCH, Francisco de P. *Aristóteles, Poetica.* Traducción del griego, prólogo y notas. Argr. 3, Madrid, 1972.

TWINING, Thomas. *Aristotle's Treatise on Poetry.* Translated with Notes on the Translation and Original. Llundain, 1815.

VAHLEN, Iohannes. *Aristotelis De Arte Poetica Liber.* Argr. 3, Leipzig, 1885; ad-argr. Hildesheim, 1964.

WARRINGTON, John. *Aristotle's Poetics.* Translated with an Introduction. Everyman's Library, 901. Llundain, 1963.

WHARTON, Edward Ross. *Aristotelis De Arte Poetica,* (Vahlen's text) with Translation. Rhydychen, 1883.

(b) Y TRAFOD

ABERCROMBIE, Lascelles. *The Principles of Literary Criticism.* Llundain, 1932.

ADKINS, Arthur W. H. *Merit and Responsibility.* Rhydychen, 1960.

BIGNAMI, Ernesto. *La Poetica di Aristotele e il concetto dell' arte presso gli antichi.* Studi filosofici, seconda serie, 7. Firenze, 1932.

BOWEN, Euros. *Oidipos Frenin Soffocles.* Cyfieithiad. Cyfres y Ddrama yn Ewrop. Caerdydd, 1972.

BRANCATO, Giovanni. *La ' Sustasis ' nella Poetica di Aristotele.* Collana di Studi Greci, 40. Napoli, 1963.

BRAY, René. *La Formation de la doctrine classique en France.* Lausanne, 1931.

BREMER, J. M. *Hamartia.* Amsterdam, 1969.

BRINK, C. O. *Horace on Poetry.* Dwy gyfrol. Caer-grawnt, 1963 a 1971.

BRUNIUS, Teddy. *Inspiration and Katharsis.* Acta Univ. Upsal.: Laokoon: Swedish Studies in Aesthetics, 3. Uppsala, 1966.

CHARLTON, H. B. *Castelvetro's Theory of Poetry.* Manceinion, 1913.

COOPER, Lane. *The Poetics of Aristotle: Its Meaning and Influence.* Our Debt to Greece and Rome, 6. Boston, 1923.

COOPER, Lane a GUDEMAN, Alfred. *A Bibliography of the Poetics of Aristotle.* Cornell Studies in English, 11, Yale, 1928.

DAHIYAT, Ismail M. *Avicenna's Commentary on the Poetics of Aristotle.* Leiden, 1974.

DAVIES, Ceri. ' Aristoteles ac Oidipos Frenin ', *Y Traethodydd* 128 (1973), 169-176.

DAVIES, Pennar. ' Am Drasiedi ', *Barn* 135 (Ion. 1974), 121-122.

' Yr Arwr Trasig ', *Barn* 136 (Chwef. 1974), 173-174.

' Y Cwlwm Trasig ', *Barn* 137 (Mawrth, 1974), 223-224.

EDWARDES, D. E. gweler ROWLANDS, D.

EGGER, Josef. *Katharsis-Studien*. Vienna, 1883.

EVANS, R. Wallis. ' Sylwadau ar Broblemau Esthetig ', *Efrydiau Athronyddol* 2 (1939), 41-45.

FARRINGTON, Benjamin. *Aristotle: Founder of Scientic Philosophy*. Pathfinder Biographies. Llundain, 1965.

FORTENBAUGH, William W. ' Aristotle: Emotion and Moral Virtue ', *Arethusa* 2 (1969), 163-185.

FRITZ, Kurt von. *Antike und moderne Tragödie*. Berlin, 1962.

GOMPERZ, Theodor. *Aristoteles' Poetik*. Leipzig, 1897.

GRIFFITHS, J. Gwyn. ' *Divinus Afflatus* ', *Taliesin* 2 (1961), 35-43; hefyd yn *I Ganol y Frwydr* (Llandybïe, 1970), 144-150.
' Hen Feibl y Beirdd ', *Yr Efrydydd* 9 (1944), 4-8.

GRUBE, G. M. A. *The Greek and Roman Critics*. Llundain, 1965, ad-argr. 1968.

GRUFFYDD, W. J. *Antigone Sophocles*. Caerdydd, 1950.

GUDEMAN, Alfred. gweler COOPER, Lane.

GULLEY, Norman. *Aristotle on the Purposes of Literature*. Inaugural Lecture. Caerdydd, 1971.

HATHAWAY, Baxter. *The Age of Criticism: The Late Renaissance in Italy*. Efrog Newydd, 1962.

HERRICK, Marvin Theodore. *The Poetics of Aristotle in England*. Cornell Studies in English, 17. New Haven, 1930.

HOUSE, Humphry. diw. Colin Hardie. *Aristotle's Poetics*. Llundain, 1967.

HUBBARD, Margaret E. Rhan 3 yn *Ancient Literary Criticism*, gol. D. A. Russell ac M. Winterbottom, tt. 85-170. Rhydychen, 1972.

HUDSON-WILLIAMS, Thomas. *Y Groegiaid Gynt*. (Pennod IV: ' Y Ddrama '). Cyfres y Brifysgol a'r Werin, 11. Caerdydd, 1932.

JONES, D. James. *Hanes Athroniaeth: Y Cyfnod Groegaidd*. Cyfres y Brifysgol a'r Werin, 19. Caerdydd, 1939.

JONES, John. *On Aristotle and Greek Tragedy*. Llundain, 1962.

JONES, R. M. *Tafod y Llenor*. Gwersi ar Theori Llenyddiaeth. Caerdydd, 1974.

KOMMERELL, Max. *Lessing und Aristoteles*. Ail argr. (di-newid), Frankfurt am Main, 1957.

LEWIS, R. Morris. *Iliad Homer*. Cyfieithiadau. Gyda chwanegiadau, rhagair a nodiadau gan T. Gwynn Jones. Wrecsam, 1928.

LEWIS, Saunders. ' Lle Pyncid Cerddi Homer ', *Ysgrifau Dydd Mercher* (Llandysul, 1945), 19-24.
Meistri'r Canrifoedd. gol. R. Geraint Gruffydd. Caerdydd, 1973.
' The Poet ', yn *The arts, artists, and thinkers*, gol. John Murray Todd. Llundain, 1958.
' Swyddogaeth Celfyddyd ', yn *Canlyn Arthur* (Aberystwyth, 1938), 141-148.

LLOYD, D. Myrddin. ' Estheteg yr Oesoedd Canol ', *Llên Cymru* I (1951), 153-168; 220-238.

LLOYD, D. Tecwyn. *Erthyglau Beirniadol*. Llandysul, 1946.

LUCAS, F. L. *Tragedy: Serious Drama in Relation to Aristotle's Poetics*. Llundain, 1927, argr. diw. 1957.

MORRIS-JONES, Huw. *Y Gelfyddyd Lenyddol yng Nghymru*. Lerpwl, 1957.

MORRIS-JONES, John. *Cerdd Dafod*. Rhydychen, 1925.

OWEN, R. Llugwy. *Hanes Athroniaeth y Groegiaid*. Conwy, 1899.

PICKARD-CAMBRIDGE, A. W. diw. John Gould a D. M. Lewis. *The Dramatic Festivals of Athens*. Rhydychen, 1968.

PODLECKI, Anthony J. 'The Peripatetics as Literary Critics', yn *Studies Presented to G. M. A. Grube* (Toronto, 1969), 114-137.

REES, Brynley R. *Aristotle's Theory and Milton's Practice*: *Samson Agonistes*. Inaugural Lecture. Birmingham, 1972.

'A Character Study' (adolygiad o lyfr E. Schütrumpf, gweler isod), *The Classical Review* 23 (1973), 50-52.

'Euripides, *Medea*, 1415-19', *American Journal of Philology* 82 (1961), 176-181.

'*Pathos* in the *Poetics* of Aristotle', *Greece and Rome* 19 (1972), 1-11.

'Plot, Character, and Thought', yn *Le Monde Grec*: *Hommages à Claire Préaux* (Bruxelles, 1975), 188-196.

ROBERTS, W. Rhys. *Greek rhetoric and literary criticism. Our debt to Greece and Rome*. Llundain, 1928.

ROWLANDS, D. ac EDWARDES, D. E., cyf. *Euripides, Yr Alcestis*. (Y testun Groeg a dau gyfieithiad mydryddol). Llundain, 1887.

RUSSELL, D. A. a WINTERBOTTOM, M. gol. *Ancient Literary Criticism*. Rhydychen, 1972.

SCHÜTRUMPF, Eckart. *Die Bedeutung des Wortes ethos in der Poetik des Aristoteles*. Zetemata, 49. München, 1970.

SIKES, E. E. *The Greek View of Poetry*. Llundain, 1931.

STINTON, T. C. W. '*Hamartia* in Aristotle and Greek Tragedy', *The Classical Quarterly* 25 (1975), 221-254.

TATE, J. 'Tragedy and the Black Bile', *Hermathena* 50 (1937), 1-25.

VAHLEN, Johannes. diw. Hermann Schöne. *Beiträge zu Aristoteles' Poetik*. Leipzig, 1914, ad-argr. Hildesheim, 1965.

VERDENIUS, W. J. 'The Meaning of *êthos* and *êthikos* in Aristotle's *Poetics*', *Mnemosyne* 12 (1945), 241-257.

WALCOT, Peter. *Greek Drama in its Theatrical and Social Context*. Caerdydd, 1976.

WEBSTER, T. B. L. *Greek Theatre Production*. Llundain, 1956, ail argr. 1970.

WEINBERG, Bernard. *A History of Literary Criticism in the Italian Renaissance*. Dwy gyfrol. Chicago, 1961.

WILLIAMS, J. E. Caerwyn. 'Sylwadau ar y Trosiad', *Y Llenor* 30 (1951), 119-141 (yn arbennig tt. 133 yml.).

WINTERBOTTOM, M. gweler RUSSELL, D. A.

135

Atodiad 1

ENWAU PRIODOL GROEG MEWN TESTUNAU CYMRAEG

(O'r *Traethodydd*, Ebrill 1957)

1. Defnyddier, pan fo cyfle, y ffurfiau sydd wedi hir gartrefu yn y Gymraeg, e.e.,

   Athen, Aristotlys, Caerdroea, Ercwlff, Homer, Priaf, Pawl.

2. Mewn enwau eraill rhodder fel rheol i'r seiniau Groeg y seiniau sy'n cyfateb agosaf iddynt yn Gymraeg, e.e.,

   Agathon, Antigone, Charon, Critias, Gorgias, Megara, Phaidon, Platon, Socrates, Thiaitetos, Thebai, Scamandros.

Weithiau bydd yn well gan awdur ddefnyddio ffurf o'r math yma nag un o'r hen ffurfiau Cymraeg, e.e., *Heracles* yn hytrach nag *Ercwlff*.

3. Pwyntiau arbennig:
   - (i) Dylid cadw'r terfyniad *-os.*
   - (ii) Groeg v = Cymraeg *u.* Dylid osgoi *y* am fod iddi ddwy sain yn Gymraeg, ac nid yw'r sain dywyll yn cyfateb o gwbl i'r Groeg. E.e., *Aischulos, Olumpos, Pulos.*
   - (iii) Ond yn y deuseiniaid dynoder v fel hyn:
     (a) Groeg av, ev = Cymraeg *aw, ew*, e.e.,
        Glawcon, Epidawros, Ewpolis, Ewripides.
     (b) Groeg ov = Cymraeg *w*, e.e.,
        Epicwros, Oidipws, Suracwsai, Thwcudides.
   - (iv) Groeg ζ = Cymraeg *z*, e.e, *Zenon, Zews.*
   - (v) Groeg κ = Cymraeg *c*, e.e. *Cadmos.*
   - (vi) Groeg ξ = Cymraeg *x*, e.e.,
        Xenophon, Xerxes, Anaxagoras.
   - (vii) Groeg ϕ = Cymraeg *ph* lle bynnag y digwydd, e.e.,
        Delphoi, Pheidias, Sophocles, Xenophon.
   - (viii) Groeg $\lambda\lambda$ = Cymraeg *l*, e.e., *Apolon.*
   - (ix) Lle y dyblir y cytseiniaid eraill yn y Roeg, dybler hefyd yn Gymraeg, e.e.,
        Erinna, Purrha, Simmias, Hippias, Odussews.

Atodiad 2

Pan gyhoeddwyd y *Farddoneg* yng nghyfieithiad J. Gwyn Griffiths yn 1978, cafodd dderbyniad ciddgar. Meddai'r Athro B. R. Rees, wrth adolygu'r llyfr yn *The Classical Review*, cyfrol 30 (1980): 'After reading this admirable volume, one's only regret is that there is nothing to compare with it as an introduction for English students to the classical text which has been the most influential in Western European literature, albeit the most misunderstood.' Nid yw'n unrhyw syndod fod y cyfieithiad, a'r ymdriniaeth, yn dal yn safonol heddiw.

Yn naturiol, mewn cyfnod o ugain mlynedd a mwy, cafwyd cyfraniadau newydd i gyfoethogi'n dealltwriaeth o'r *Farddoneg*. Ymhlith y pwysicaf y mae llyfr Stephen Halliwell, *Aristotle's Poetics* (Llundain: Duckworth, 1986), sy'n cyflwyno astudiaeth helaeth a chynhwysfawr o'r gwaith; yn arbennig y mae Halliwell yn lleoli'r *Farddoneg* yn solet yng nghyd-destun ehangach syniadaeth athronyddol Aristoteles. Cyhoeddodd Stephen Halliwell hefyd gyfieithiad Saesneg o'r *Farddoneg*, ynghyd â rhagymadrodd ac esboniad cryno (Llundain: Duckworth, 1987), gan lenwi peth o'r gofod y gresynai Bryn Rees o'i blegid. Ar feirniadaeth lenyddol y Groegiaid a'r Rhufeiniaid yn fwy cyffredinol, gan gynnwys Aristoteles, y mae'n werth nodi ymddangosiad dwy gyfrol safonol yn Saesneg: D. A. Russell, *Criticism in Antiquity* (Llundain: Duckworth, 1981) a George A. Kennedy (gol.), *The Cambridge History of Literary Criticism, vol.1: Classical Criticism* (Caergrawnt, 1989). Y mae'n drawiadol hefyd cynifer o'r beirniaid diweddar, lladmeryddion y mudiadau ffurfiolaidd a strwythurol, sy'n troi at Aristoteles am eu geirfa, ac am syniadau sy'n fynych yn ddechreubwynt eu theorïau hwy.

Trasiedi yw'r ffurf lenyddol sy'n hawlio prif sylw Aristoteles. Yn 1978 cyfeiriodd J. Gwyn Griffiths droeon at gyfieithiad Euros Bowen o *Oidipos Frenin* Sophocles, un o'r prif ddramâu yr ymdrinir â hwy yn y *Farddoneg*. Yn holl hanes ein llên, Euros Bowen yw prif gyfieithydd mydryddiaeth glasurol i'r Gymraeg, ac ar ôl 1978 cyhoeddwyd (eto gan Wasg Prifysgol Cymru) gyfieithiadau ganddo o dair trasiedi arall gan Sophocles: *Oidipos yn Colonos* (1979), *Electra* (1984) a *Philoctetes* (1991). Hefyd, yn 1991, cyhoeddodd y Ganolfan Astudiaethau Addysg (Aberystwyth) ddwy gyfrol berthnasol, y naill yn cynnwys cyfieithiadau o *Agamemnon* Aischulos, gan John Henry Jones, ac o *Alcestis* Ewripides, gan Henry Parry Jones, a'r llall yn cyflwyno cyfaddasiad trawiadol Gareth Miles o'r *Bacchai* gan Ewripides. Ynglŷn ag Aristoteles ei hun, braf iawn fu cael croesawu cyfieithiad ac astudiaeth John FitzGerald o un arall o'i weithiau enwocaf a mwyaf dylanwadol, sef y *Foeseg Nicomachaidd* (Caerdydd: Gwasg Prifysgol Cymru, 1998).

Ceri Davies

Mynegai

A. I'r Testun

Cyfeirir at y paragraffau gan adael allan y ddau rif cyntaf (54 b = 1454 b)

Mae geiriau mewn cromfachau yn dynodi bod diwygio neu helaethu ar y testun.

Beirniadaeth: ysfa feirniadus y dydd, 56a; problemau, 60b; beirniaid a'u cwynion, 62b.
Berf, 56b; 57a.
Bychander, a'r Meddwl, 56a.

Caer Droea, Cwymp, yn anaddas i drasiedi, 56a; a Homer, 59a; 61a.
Caethwas, cymeriad diwerth, ond gall fod yn dda, 54a.
Cal'lippides, actor, ei alw 'yr Epa', 61b; ei feio, 62a.
Camgymeriadau, eu hosgoi yn gyfan gwbl, 60b; mewn enw, 61b.
Cam-ymresymu, gyda'r Darganfyddiad, 55a.
Caneuon, mewn Trasiedi, 49b; un o'r chwe rhan, 50a; yr addurniad melysaf, 50b; nid mewn epig, 59b.
Canol, ei ddiffinio, 50b; mewn epig, 59a.
Carcinos, awdur y Thuestes, 54b; gwall yn ei ddrama am Amphiaräos, 55a.
Cardota, y, yn yr Iliad Bychan, 59b.
Cariad, a'r cymeriadau mewn Trasiedi, 52a.
Carthaginiaid, brwydr yn erbyn, 59a.
Casgliad gau, 60a; ymlaen llaw, 61b.
Ceffyl, manylion anghywir gan fardd, 60b.
Celfyddyd, a'i rheolau mewn Trasiedi, 53a; celfyddyd farddol, beiau, 60b; gw. hefyd Barddoniaeth; gofynion celfyddyd, 61b; yr un sy'n efelychu popeth yn ddi-chwaeth, 61b; celfyddyd yr actor, 62a; celfyddyd a'r pleser priodol iddi, 62b; Trasiedi fel y gelfyddyd uchaf, 62b.
Celwyddau, Homer yn dysgu sut i'w dweud, 60a.
Centawros, cerdd gan Chairemon, 47b.
Cephal'leniaid, 61b.

Cerdd, yn dda neu'n ddrwg, 62b.
Cerddi arwrol, 48b.
Cerddi corawl, fel darnau a deflir i mewn, 56a.
Cerddi Dithurambig, a Thrasiedi, 49a.
Cerddi dychanol, 48b.
Cerddi ffalig, a Chomedi, 49a.
Cerddoriaeth, 47a; 48a; mewn Trasiedi, yn rhoi'r pleserau bywiocaf, 62a.
Cleon, 57a.
Cleophon, 48a; ei arddull ddinod, 58a.
Clociau dwfr, 51a.
Clutaimnestra, ei lladd gan Orestes, 53b.
Clwyfau, fel rhan o'r Dioddef, 52b.
Clymiad trasiedi, 55b; clymu'n dda ond datod yn wael, 56a.
Comedi, 47a; 47b; gwahaniaeth rhyngddi a Thrasiedi, 48a; ei gwreiddiau, 49b; Homer yn arloesi, 48b; cyswllt â'r cerddi ffalig, 49a; efelychiad o ddynion gwaelach, 49a; yn cael Côr o actorion gan yr Archon, 49b; ar linellau'r tebygol, 51b; ychwanegu'r enwau, 51b; y pleser priodol iddi, 53a.
Commos, galarnad mewn Trasiedi, 52b.
Côr, Aischulos yn lleihau ei ran, 49a; y rhan gorawl mewn Trasiedi, 52b; fel un o'r actorion, 56a.
Crates, Atheniad, y cyntaf i lunio themâu cyffredinol, 49b.
Creadur bychan neu anferth, ni allai fod yn hardd, 50b - 51a; epig fel creadur byw, cyflawn, 59a.
Credadwy, yw'r posibl, 51b; y credadwy amhosibl, 61b.
Creon, ei fygwth gan Haimon yn yr Antigone, 54a.
Cresphontes, trasiedi (gan Ewripides), 54a.
Cretiaid, 61a.
Cuclopiaid, 48a.
Cupria, epig ag un arwr, 59b.

141

Cupriaid, eu gair am 'gwaywffon', 57b.

Cupriaid, trasiedi gan Dicaiogenes, 55a.

Cwymp Caer Droea, yr holl stori yn anaddas i drasiedi, 56a.

Cwymp Ilion, yn yr *Iliad Bychan*, 59b.

Cyfanwaith, yn meddu dechreuad a chanol a diwedd, 50b; mewn Epig a Thrasiedi, 51a.

Cyfeillion, digwyddiadau trist rhwng, 53b.

Cyfnos, 'henoed y dydd', 57b.

Cyffredinol, ei fynegi gan farddoniaeth, 51b; a chymeriad, 51b.

Cymedroldeb, ym mhob elfen o waith bardd, 58b.

Cymeriad, arbenigrwydd, 49b; un o chwe rhan Trasiedi, 50a; yn ail i'r stori, 50a; a'r dewisiad moesol, 50b; 54a; a'r cyffredinol, 51b; un rhwng yr eithafion, sy'n ymsymud i drueni oherwydd rhyw ddiffyg, 53a; yn mwynhau enwogrwydd a dedwyddwch, 53a; gwraig a chaethwas, 54a; tebyg i'r gwirionedd gwreiddiol, 54a; cysondeb, 54a; drygioni dianghenraid, 54a; anghysondeb Iphigeneia, 54a; y digllon, diog, diffygiol, 54b; yn sail i fath ar drasiedi, 56a; yn yr *Odusseia*, 59b; ac iaith, 60b.

Cymeriadau, aruchel a gwael, 48a; a gweithredoedd, 50a; a'r Darganfyddiad, 52a; rhai da a drwg a'u terfyniad gwahanol, 53a; yn sylweddoli popeth, 53b; mewn anwybodaeth, 53b; dylai fod yn dda, 54a.

Cynllun y stori, 47a; yn gymhleth yn y drasiedi orau, 52b; un dyblyg, 53a.

Cynorthwyon allanol, 53b.

Cynulleidfa, ymostwng i'w dymuniad, 53a; yn gweld gwall, 55a; yr un orau, 61b; un ddiwylliedig a'r Epig, 62a; o safon isel a Thrasiedi, 62a.

Cyson o anghyson, 54a.

Cysondeb, mewn cymeriad, 54a.

Cystadleuaeth, 50b; 51a; gweithiau cystadleuol, 51b; y rhai mwyaf trasiedïol, 53a; argraff wael rhai dramâu, 56a.

Cysylltair, 56b; 57a.

Cywirdeb, nid yr un safon mewn barddoniaeth ag mewn gwleidyddiaeth, 60b; pwyntiau technegol, 60b; y moesol gywir, 61a.

Chairemon, awdur y *Centawros*, 47b; yn cymysgu mesurau, 60a.

Chionides, awdur comedïau, 48a.

Chöephoroi, drama (gan Aischulos), rhesymeg y Darganfyddiad, 55a.

Chwerthinllyd, yr elfen, mewn Comedi, 49a.

Da a drwg, mewn cymeriad, 48a; 54a.

Daear-anedig, a'i waywffon, 54b.

Daioni gwell, 61a.

Damweiniol, digwyddiadau, 52a; yn y Darganfyddiad, 52a.

Danäos, ei ladd yn y ddrama *Luncews*, 52a.

Darganfyddiad, yn cyffroi'r teimladau mewn Trasiedi, 50a; mewn stori gymhleth, 52a; newid o anwybodaeth i adnabyddiaeth, 52a; ar ei orau gyda Gwrthdro, 52a; mathau amrywiol, 52a; gyda Gwrthdro yn cynhyrchu tosturi ac ofn, 52b; rhwng personau, 52b; yn drawiadol, 54a; drwy arwyddion, 54b; yn dod drwy Wrthdro, 54b; gydag Odussews, 55a; rhesymeg yn ei beri, 55a; syniad Poluïdos, 55a; a cham-ymresymu, 55a; drwy amgylchiadau tebygol, 55a; drwy resymeg, 55a; mewn trasiedi gymhleth, 55b; mewn epig, 59b; yn yr *Odusseia*, 59b.

Datodiad trasiedi, 55b; clymu'n dda ond datod yn wael, 56a.

Datrys y stori, o'r stori ei hun, 54b.

Dawn naturiol, mewn barddoniaeth, 55a; cyfuno pob dawn farddol, 56a.

Dawns, a'r mesur addas, 59b.

Dawnswyr, 47a; 48a; dawnsio a'r ffurf saturig, 49a; symudiadau derbyniol, 62a.

Dechreuad, ei ddiffinio, 50b; mewn epig, 59a.

Dedwyddwch, i drueni, 51a; 52b; a'r cymeriadau, 52a; ac adfyd, a thosturi ac ofn, 52b; a'r prif gymeriad mewn Trasiedi, 53a; newid o ddedwyddwch i drueni yw'r math addas i Drasiedi, 53a; y newid, 55b.

Deilias, gan Nicochares, 48a.

Deunydd traddodiadol, ei drin yn gelfydd, 53b.

Deus ex Machina, yn y Medea, 54b; ar gyfer digwydd tu allan i'r ddrama, 54b.

Dewisiad moesol, a chymeriad, 50b; 54a.

Dicaiogenes, awdur y Cupriaid, 55a.

Dicter, a'r Meddwl, 56a.

Di-chwaeth, y gelfyddyd sy'n efelychu popeth, 61b; per-fformwyr, 61b.

Difrifol, am farddoniaeth, 51b.

Diffinio, Trasiedi, 49b.

Diffyg, mewn cymeriad, yn peri ymsymud i drueni, 53a.

Digwydd, ei efelychu mewn Trasiedi, 49b; un cyflawn a chyfan, 50b; un syml ac un cymhleth, 52a; tu allan i'r ddrama, 54b; un digwydd hanfodol yn yr Iliad a'r Odusseia, 62b.

Digwyddiadau, eu saernïaeth, 50a; 50b; ac ofn a thosturi, 53b; yn creu ymwybod o deimladau, 56b.

Digwyddiadau, damweiniol, 52a.

Digwyddiadau trist, rhwng cyfeill-ion, 53b.

Dioddef, rhan o'r stori mewn Trasiedi, sef digwydd dinistriol neu boenus, 52b; 53b; yn llanw math ar drasiedi, 55b; golyg-feydd o ddioddef mewn epig, 59b.

Dionusios, arlunydd, 48a.

Dionusos, mewn metaffor, 57b.

Discos, dangos ei daflu, 61b.

Dithurambau, 47a; 47b; 48a; a geiriau cyfansawdd, 59a; cys-ylltiad â dechreuadau Trasiedi, 49a.

Diwedd, ei ddiffinio, 50b; mewn epig, 59a.

Diwedd trist, yn iawn mewn Trasiedi, 53a.

Dolon, 61a.

Doriaid, yn hawlio Trasiedi a Chomedi, 48a.

Dôron, 'rhodd', 57a.

Drama, a'r weithred tu allan neu du mewn, 53b.

Dramâu, tarddiad y gair, 48a; dramâu'r hen feirdd, 53b; yr episodau yn fyr, 55b.

Drwg a da, mewn cymeriad, 48a; y drwg yn ymsymud i dded-wyddwch, 52b; i drueni, 53a; cerdd, yn dda neu'n ddrwg, 62b.

Drygioni, a chymeriad, 53a; dianghenraid, 54a; a chym-helliad, 61a.

Duwiau, yn gweled popeth, 54b; hanesion amdanynt, 60b.

Dychan, Crates yn cefnu ar, 49b.

Dychangerddi, 48b.

Dychanwyr, yn troi at Gomedi, 49a; yn sgrifennu am bersonau arbennig, 51b.

Dychryn, 53b; 56b.

Dyfarniad yr Arfau, yn yr Iliad Bychan, 59b.

Dyn, galluog ond drwg, dewr ond diegwyddor, 56a.

Dynion, yn gweithredu, 49b; rhai gwaelach mewn Comedi, 49a; fel y dylent fod (Sophocles), 60b; fel y maent (Ewripides), 60b; y rhai a ddarluniodd Zewxis, 61b.

Ecsodos, mewn Trasiedi, 52b.

Efelychiad, mewn Trasiedi, 49b; mewn Comedi, 49a; o ddi-gwyddiadau ac o fywyd, 50a; o un digwydd, 51a; a'r pleser priodol i Drasiedi, 53b; y ffurf uchaf ar, 61b.

143

146

148

Rhyfeddod, yn y digwydd, 52a; mewn Trasiedi, 60a; y rhyfeddol yn rhoi pleser, 60a.

Rhysedd o liwiau, a rhan y stori mewn Trasiedi, 50b.

Saernïaeth y digwyddiadau, 50a; yr elfen bwysicaf mewn Trasiedi, 50b; Gwrthdro a Darganfyddiad yn codi o'r saernïaeth fewnol, 52a; gall beri ofn a thosturi, 53a.

Sain ddiarwyddocâd, 56b; 57a.

Sain ddilafar, 56b.

Salamis, brwydr, 59a.

Saturig, ffurf, a Thrasiedi, 49a.

Sathredig, ei osgoi, 58a; 58b.

Scul'la (cerdd), 54a; 61b.

Siarad, mewn Trasiedi, 56b; mewn barddoniaeth iambig, 59a.

Sillaf, 56b; ei hwyhau, 58b.

Sisilia, a dechreuadau Comedi, 48a; a'r arfer o lunio stori, 49b; brwydr yn, 59a.

Sisuphos, ac effaith briod Trasiedi, 56a.

Socrates: y dialogau Socrataidd, 47b.

Sophocles, a Homer, 48a; yn defnyddio tri actor a chychwyn golygfeydd, 49a; ei ddrama *Oidipws*, 53b; 54b; ei ddrama *Terews*, 54b; y Darganfyddiad yn ei *Oidipws*, 55a; ei ddull iawn o drin y Côr, 56a; yn dangos dynion fel y dylent fod, 60b; yr *Oidipws* a'r *Iliad*, 62b.

Sophron, awdur mimau, 47b.

Sosistratos, yn adrodd epig, 62a.

Stasimon, gerdd gorawl mewn Trasiedi, 52b.

Stori, ei chynllun, 47a; a'r digwyddiadau, 50a; dechreuad ac enaid Trasiedi, 50a; ei hyd, 51a; ei hundod, 51a; yn efelychu un digwydd, 51a; mewn Comedi ar linellau'r tebygol, 51b; storïau adnabyddus mewn Trasiedi, ond i ychydig, 51b; y bardd yn grëwr storïau, 51b; storïau syml ac episodig, 51b; y rhai gorau heb eu seilio ar

hap, 52a; rhai syml a chymhleth, 52a; y nod wrth ddodi'r stori at ei gilydd, 52b; stori unplyg ac nid dyblyg, 53a; ni ddylid newid y rhai traddodiadol, 53b; nodweddion Trasiedi ynddynt, 54a; datrys y stori, 54b; amlinelliad bras yn gyntaf, 55a; stori ganolog yr *Odusseia*, 55b; y rhyfel yng Nghaer Droea, 59a; dull epig o adrodd, 59b; amrywiaeth, mewn epig, 59b; yn troi'n wrthun, 60a.

Sthenelos, ei arddull ddi-nod, 58a.

Syrffed, o undonedd, 59b.

Tebygol, Comedi ar y llinellau hyn, 51b; a digwyddiadau mewn Trasiedi, 51b; ystyr a rydd Agathon, 56a; amhosibl tebygol, 60a; yn groes i debygolrwydd, 61b.

Tebygolrwydd neu reidrwydd, rheol, 51a; a chymeriad, 51b; 54a; mewn episodau, 51b; mewn stori gymhleth, 52a; gyda'r Gwrthdro, 52a; ystyr a rydd Agathon, 56a; ymwybod ohono, 56b; y tebygol yn groes i, 61b.

Tebygrwydd perthynas, mewn metaffor, 57b; 59a.

Tegea, 60a.

Teimlad dynol, 53a; ei fodloni, 56a.

Teimladau, eu profi gan y bardd ei hun, 55a; a'r Meddwl, 56a.

Telegonos, yn y ddrama *Odussews yn ei Glwyfau*, 53b.

Telemachos, ac Icarios, 61b.

Telephos, a'i deulu mewn Trasiedi, 53a.

Telyn, 47a; 48a; cystadlu gyda, 62a.

Terews, trasiedi gan Sophocles, a'r Darganfod, 54b.

Tetrametrig, mesur, un addas i'r ddawns, 59b.

Timotheos, 48a.

Tlodi meddyliol, 54b.

Tosturi, ac ofn, mewn Trasiedi, 49b; 52a; Darganfyddiad gyda

149

B. I'R TRAFOD

Cyfeirir at dudalennau. A. = Aristoteles.

151